Psychologie Pragmatique

Des outils pratiques
pour être follement heureux !

Susanna Mittermaier

ACCESS
CONSCIOUSNESS®
PUBLISHING

Psychologie Pragmatique

Copyright © 2017 Mag. Susanna Mittermaier

ISBN: 978-1-63493-108-3

Tous droits réservés. Aucune partie de cette publication ne peut être re-
produite, transmise, transcrite, stockée dans un système d'archivage sous
quelque forme ou quelque moyen que ce soit - électronique, mécanique,
photocopie ou enregistrement - sans l'autorisation préalable écrite de l'éditeur.

L'auteur et l'éditeur de ce livre ne prétendent et ne garantissent pas de
résultats physiques, mentaux, émotionnels, spirituels ou financiers. Tous
les produits, services et informations sont fournis par l'auteur uniquement
à des fins d'enseignement général et de divertissement. Les informations
présentées dans ce livre ne visent pas à se substituer à un avis médical ou
professionnel. Dans le cas où vous utiliseriez les informations contenues
dans ce livre, l'auteur et l'éditeur déclinent toutes responsabilités relatives
à vos actions.

Publié par Access Consciousness Publishing, LLC

www.accessconsciousnesspublishing.com

Traduction : Katioucha Zakhanevitch

Révision : Alexandra Perol

Lecture finale : Eryl Dausse

Imprimé aux Etats-Unis

Table des Matières

INTRODUCTION

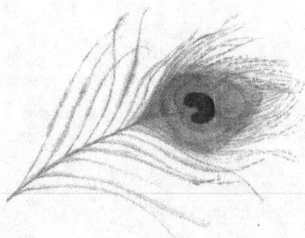

L'écriture de ce livre fut un voyage extraordinaire et un réel plaisir ! Je suis censée dire que ce fut un travail difficile et qu'il m'a pris beaucoup de temps. Ce serait un mensonge. Cela fut aisé et rapide. Comme moi.

Je te présente ce que je sais et je t'invite à découvrir ce que tu sais. Et si tu en savais beaucoup plus que tu ne le penses à ton sujet et sur la façon de créer la vie que tu désires vraiment ? Et si les choses que tu qualifies de tort et de folie étaient justement les outils qui te permettront d'accéder au bonheur et à la joie que tu es. Et si tu commençais à célébrer la différence que tu es ?

GRATITUDE

Ma gratitude est immense ! Merci, Gary M. Douglas, l'homme qui ne cesse de reconnaître qui je Suis et ce dont je suis vraiment capable. Merci d'être et de vivre la réalité plus grande qui est disponible sur cette planète et de ne jamais abandonner ! Merci Dr Dain Heer, l'homme qui me titille à être la joie et la puissance que je suis et me rappelle constamment que ma réalité est vraiment aisance, joie et gloire. Merci à ma mère et à mon père. Vous êtes si bons ! Vous avoir comme parents est le plus grand des honneurs. Merci de me soutenir et de me permettre d'être qui je suis.

Merci, Joy Voeth pour ton service d'édition et la joie et l'aisance que c'est de créer avec toi. Et aussi un grand merci à tous celles et ceux qui ont été impliqués dans la publication et la mise en page.

Merci à toi, lecteur, de considérer de plus grandes possibilités pour Toi.

Prends plaisir à lire ce livre.

Prends plaisir à être Toi.

Susanna Mittermaier

PSYCHOLOGIE PRAGMATIQUE : DES OUTILS PRATIQUES POUR ÊTRE FOLLEMENT HEUREUX

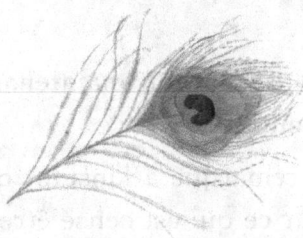

❧ Le moment est-il venu maintenant de créer le monde que nous avons toujours su possible ?

❧ Et si la vie pouvait être beaucoup plus légère et aisée que ce que tu as toujours pensé ?

❧ Et si tu pouvais lâcher tous les torts que tu te donnes, tous les doutes à propos de tout ce que tu ne parviens pas à réaliser, tous les jugements que tu as de toi-même et prendre conscience de qui tu es vraiment et de ce dont tu es vraiment capable ?

❧ Le moment est-il venu maintenant de dépasser cet état où tu es écrasé par ton passé ?

🖎 Et si la psychologie, c'était plus qu'un moyen de résoudre les problèmes ? Et si la psychologie avait pour objet de te donner les moyens d'être tout ce que tu es et de savoir tout ce que tu sais ? Et si la psychologie, c'était un moyen de créer un futur différent et durable pour toi et pour nous tous ?

🖎 Quelle réalité qui n'a jamais existé auparavant es-tu maintenant capable de générer et de créer pour toi-même et pour le monde ?

🖎 Le moment est-il venu maintenant de t'amuser et d'utiliser ta folie pour créer la vie que désires vraiment ?

🖎 Le moment est-il venu maintenant pour toi d'être follement heureux ?

C'est drôle, je remarque à l'instant que j'ai commencé à écrire ce livre par ce qui est censé être la fin, le bouquet final, l'invitation que je te fais à quelque chose qui est au-delà des limitations que tu penses réelles ; à un monde différent. J'imagine que tu si tu as choisi ce livre, c'est que tu demandes quelque chose de plus grand.

Alors, pourquoi ne pas commencer tout de suite ? N'as-tu pas attendu toute ta vie que la bonne partie de ta vie commence ? Et si le « happy end » était disponible *maintenant*, et si c'était juste le commencement ?

Et si tu arrêtais de te donner tort de désirer quelque chose de plus grand, au-delà de ce que cette réalité semble avoir à offrir et au-delà de ce que les autres disent être possible ? Sais-tu le cadeau que tu es pour le monde en étant juste toi, et en demandant plus ?

L'éternelle insatisfaction est souvent jugée. C'est en demandant plus que le monde se met en mouvement. C'est ce qui permet à de nouvelles possibilités de surgir au-delà des limitations que les autres rendent réelles.

Combien de temps de ta vie passes-tu à résoudre les problèmes et les difficultés ? À quel point essaies-tu de te sentir bien, comme si c'était ce que tu étais censé accomplir ? Et à quel point t'es-tu senti mal pendant toute ta vie parce que tu n'arrivais pas au point qui te donnait le sentiment d'être assez bien ? À quel point te juges-tu chaque jour parce que tu n'arrives pas à faire les choses comme il faut, à en faire assez, à être assez, parce que tu n'as pas le corps qu'il faut, la relation parfaite, l'argent, le super sexe, le succès dans ta carrière et dans les affaires ? Combien de fois dans ta vie as-tu été affligé par la dépression, l'anxiété, des accès de panique ou d'autres manifestations pas très agréables et t'es-tu senti piégé dans une voie sans issue ?

C'est la réalité que la majorité des gens vivent. C'est un monde où la dépression, l'anxiété et d'autres maladies font habituellement partie de la vie. Se sentir mal et avoir des problèmes est considéré comme normal dans cette réalité ! Combien de tes problèmes crées-tu pour être normal ? Et si tu pouvais laisser tomber ce besoin d'être normal et puiser dans ton véritable génie ?

Je suis psychologue clinicienne et je travaille dans la santé mentale depuis de nombreuses années et j'ai rencontré d'innombrables personnes avec toutes sortes de diagnostics et de problèmes. Ce qu'elles me disent toutes, c'est à quel point elles se sentent mal ; qu'elles ont toutes sortes de problèmes et qu'elles ne font jamais les choses comme il faut ou qu'elles ne trouvent jamais leur place nulle part. Elles disent qu'elles aimeraient changer, mais elles ne pensent pas que c'est possible parce qu'elles ont déjà essayé tant de techniques et de thérapies et que rien n'a vraiment marché. Parfois, je rencontre des personnes pour qui les choses sont allées si loin qu'elles ont cessé de parler. D'autres ont essayé toutes sortes de médicaments, mais aucun n'a eu l'effet désiré.

Parmi les diagnostics de mes clients : la dépression, l'anxiété, la schizophrénie, des phobies, des troubles de l'alimentation, des troubles de la personnalité, la bipolarité, le TDAH (trouble déficitaire de l'attention avec hyperactivité), le TDA (trouble déficitaire de l'attention), le TOC (trouble obsessionnel-compulsif), l'autisme, le syndrome d'Asperger et d'autres variantes.

Je travaille avec ces personnes d'une manière très différente de ce que j'ai appris à faire durant ma formation de psychologue. Je n'ai jamais été vraiment satisfaite des outils que l'on m'a alors transmis, et j'ai toujours su qu'il y avait quelque chose de plus grand. Alors, j'ai entrepris un voyage pour trouver une manière de faciliter le changement qui fonctionne. Ce que j'ai trouvé, c'est Access Consciousness®, fondé par Gary M. Douglas, en cocréation avec Dr Dain Heer.

Access Consciousness® offre des outils et des techniques pour changer ce qui se passe dans ta vie et qui peut te sortir du piège de penser que tu n'as pas d'autre choix que de subir le poids du tort de toi, pour aller à un endroit où tu sais que tu as le choix, où tu sais que tu sais et où tu te sens libre d'être qui tu es vraiment. C'est l'espace où tu es chez toi, où tu crées ton monde. Cette façon de créer le changement est vraiment différente.

Alors, allons-y !

CHAPITRE UN

COMMENT JE ME TROMPAIS
SUR TOUTE LA LIGNE

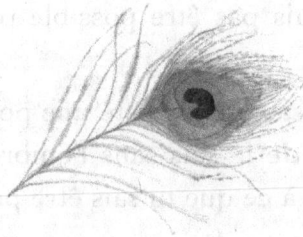

J e connais par ma propre expérience les défis de la transformation personnelle. Malgré mon succès extérieur, il y a cinq ans, j'ai réalisé à quel point j'étais malheureuse. J'avais tout ce qu'une personne peut avoir dans ce monde pour être heureuse et satisfaite : un diplôme, un gentil mari, de l'argent, une maison, un travail, une carrière épanouissante et j'étais enceinte. J'ai regardé autour de moi, mes voisins, et je me suis dit : « Pourquoi ne puis-je pas être heureuse comme ces gens ? J'ai tout. Qu'est-ce qui cloche chez moi ? »

Peu de temps après, tout mon monde s'est écroulé autour de moi. Je me souviens revenir de chez le médecin où je venais d'apprendre que j'avais un bébé mort dans mon ventre. C'était à un stade avancé de la grossesse et j'étais dans mon salon, dans ma parfaite maison, et ma vie parfaite s'est effondrée sous mes yeux et littéralement, la lumière s'est allumée. J'ai vécu l'une de ces étranges expériences où j'ai vu la lumière autour de moi… et je savais que tout allait bien. J'étais heureuse !

Je n'étais pas censée être heureuse sachant que j'avais perdu tout ce que je pensais que je voulais. Pourtant, un peu plus tard, j'ai commencé à créer une réalité bien plus grande – la mort de mon enfant a donné naissance à une vie que je ne savais pas être possible pour moi sur cette planète !

Maintenant je sais qu'il existe une possibilité différente pour nous tous ! Je le sais sans l'ombre d'un doute ! Et j'aimerais t'inviter à ce que tu sais être possible.

Quand j'ai commencé avec Access Consciousness®, j'ai réalisé que la psychologie était destinée à rendre ta vie meilleure tout en essayant encore de te faire rentrer dans le moule de cette réalité, pour devenir une meilleure version de qui tu étais avant ; pour rentrer dans le moule, tu dois changer ta façon de penser et de te comporter.

Cette approche ne te laisse pas beaucoup de liberté, car elle est toujours basée sur des jugements par rapport à ce qui est approprié d'être et de vivre, ou pas. Cela te met dans une position où tu dois constamment essayer de comprendre ce qu'il faut choisir pour être dans le juste, pour te fondre dans la masse, et être « normal ».

Pourtant, j'ai commencé à me demander : est-ce que ça suffit ? Est-ce que ça fonctionne ? Qu'est-ce que mes clients savent vraiment ?

Je t'invite à quelque chose de différent, où je ne te dirai pas ce qui est bien et ce qui n'est pas bien ou ce que tu devrais faire ou ne pas faire. Je t'invite à poser des questions et à découvrir ce qui est vrai pour toi.

Quand je me suis embarquée dans ce voyage, j'ai été abasourdie de découvrir que la vie peut être tellement plus expansive que lorsqu'on essaie de rentrer dans le moule et d'être normal. J'ai toujours su que le bonheur est un choix que nous avons tous. En devenant adulte, j'ai complètement oublié cette possibilité, tout absorbée que j'étais à essayer de créer une vie « normale ». Tout semblait si parfait, et pourtant j'étais lentement en train de devenir de plus en plus déprimée à force de vivre une version de la vie qui ne m'appartenait pas.

Quelle part de ta dépression, de ton anxiété et de tes autres problèmes est liée au fait de vivre une version de la vie qui appartient à quelqu'un d'autre, et au fait de savoir que bien plus est disponible pour toi que tu ne t'es jamais autorisé à choisir ? Quelle part de tout cela est liée au fait qu'on te dit tout le temps que ce que tu considères comme possible ne l'est pas ? Ou au fait de t'entendre dire, avec ou sans mots, que tu es fou de même considérer que quelque chose de différent soit possible ? À quel point as-tu écouté ces affirmations, t'es-tu donné tort, as-tu refoulé tout ce que tu sais être vrai pour toi, as-tu créé de la douleur, de la tension, de la dépression et des problèmes psychologiques et les as-tu verrouillés dans ton corps ?

Le moment est-il venu maintenant de changer tout cela ?

Et si tu reconnaissais ce qui est vrai pour toi qui pourrait changer toute ta vie, et plus encore ?

Reconnaître qui je suis et ce que je sais est ce qui a changé ma vie, m'a sortie du mode dépressif pour passer à un mode de création hyper rapide, avec beaucoup de bonheur.

Es-tu prêt à dépasser ce que tu perçois comme tes problèmes et ce que tu penses être réel pour découvrir les possibilités et aventures qui t'attendent ?

Je dois t'avertir : c'est dingue et c'est facile. Deux choses qui ne sont pas permises dans cette réalité. Es-tu prêt à enfreindre les règles ?

Tu te poses peut-être des questions sur le titre de ce livre et te demandes quel est le rapport entre la psychologie et le fait de créer ton monde. Et pourquoi « monde » ? Ce serait pas un peu… grand ? Oui, ça l'est. Et si être toi était un cadeau pour le monde ? Et si sortir du tort de toi et créer ta vie pouvait non seulement changer ton monde, mais était aussi une invitation pour les autres à choisir, à savoir ce qu'ils savent, et à être qui ils sont ?

J'ai vu cela se passer chez tellement de mes clients. Ils choisissent d'être plus ce qu'ils sont vraiment, et toute leur réalité change. Chaque fois que je choisis d'assumer et de célébrer la vie et la différence que je suis, ma réalité et les gens autour de moi changent.

J'essayais de rendre mes parents heureux, et j'ai fait tout ce que je pouvais pour leur montrer que la vie pouvait être tellement plus grande que les traumatismes et les drames, et plus grande que penser que tout ce qu'ils font n'est pas bien. Plus j'essayais de les rendre heureux, plus j'étais malheureuse. Quand j'ai commencé à apprécier mon bonheur, ils ont commencé à me poser des questions pour savoir comment je faisais pour être si heureuse. Ils ont eu envie de découvrir les outils que j'utilise. Ils ont même commencé à venir aux ateliers que je facilite et à me dire à chaque fois qu'ils avaient appris quelque chose. Maintenant, ils savent qu'ils ont toujours le choix, et moi, je sais que j'ai le choix de les laisser être ce qu'ils choisissent.

Ce livre est une invitation pour toi à sortir de cette boîte que tu appelles ta vie ; à lâcher les jugements qui te limitent et les choses que tu appelles tes problèmes, pour que tu puisses être qui tu es en vérité et, générer et créer ta réalité, comme tu la désires vraiment.

À quel point ton monde serait-il différent si tu laissais tomber tous les « torts » que tu te donnes, l'importance de tes problèmes, et si tu réalisais ce qui est vrai pour toi ?

Tu peux me traiter de folle d'avoir un tel point de vue. Et tu aurais raison ; je le suis. Et si être fou était justement ce qui nous permet d'être la différence que nous sommes vraiment et si cela nous permettait de réaliser qu'il existe une autre possibilité pour nous tous et le monde ? Et si te permettre d'être fou et différent, c'était ne plus avoir à travailler si dur pour rentrer dans le moule et être comme tout le monde ou essayer d'être « normal » ? Es-tu conscient de la quantité d'énergie dépensée pour essayer d'être normal et de rentrer dans cette réalité ?

Et si chaque « tort » que tu penses que tu as était en fait une force ? Et si le taré que tu penses être était en fait la différence que tu es – et si c'était cela justement ce que le monde te demande ? Et si ta soi-disant maladie mentale était simplement une étiquette pour les capacités que tu as ? Serais-tu prêt à considérer cela comme une possibilité ? Es-tu prêt à abandonner tes points de vue sur qui tu pensais que tu étais pour commencer l'aventure de la découverte de toi-même ? Que sais-tu qui est en fait possible pour toi ?

Es-tu prêt à t'ouvrir à une possibilité différente ?

Et si tu avais un choix différent que celui d'être la victime de ton histoire, de ton passé, de ton enfance et de tes problèmes ? Et si tu avais la possibilité de choisir quelque

chose de différent ? Et si c'était plus beaucoup plus facile
et rapide que ce qu'on t'a toujours dit ?

Ce livre te donnera les informations, les outils et les
clés de ta liberté, au-delà de tout ce que tu appelles tes problèmes et difficultés, et au-delà de la nécessité de te limiter.

Quand j'étais au collège, j'étais considérée comme pas
aussi intelligente que les autres. Le terme utilisé était « pas
aussi douée ». Mais à l'université, j'étais parmi les meilleurs étudiants. Cela n'avait pas de sens pour moi, alors
je me suis demandé : « Qu'est-ce qui se passe vraiment ?
Quelle conscience y a-t-il ici que je n'ai pas reconnue ? »
J'ai découvert que ce qu'on appelait « handicap » voulait
simplement dire que je traitais l'information différemment.
J'ai appris que ce qui était considéré comme un « tort » est
en fait la différence que je peux utiliser à mon avantage,
puisque cela me permet de traiter beaucoup d'informations
en peu de temps et avec une aisance totale. Avant que
d'avoir commencé à poser des questions pour découvrir
ce qui est vrai pour moi, je me créais comme le produit de
mon enfance et je pensais que j'étais stupide. En posant des
questions, un monde totalement différent s'est ouvert à moi.

Quelle capacité as-tu identifiée à tort comme une incapacité ?

Et si tu étais bien plus que tes problèmes, pensées, sentiments et émotions ?

Et si tu pouvais employer ta prétendue maladie mentale à ton avantage ? Bienvenue au Superman (ou à la
Superwoman) *que tu es vraiment.*

Nombreux de mes clients me disent qu'ils auraient aimé
recevoir cette information quand ils étaient jeunes, parce
que cela aurait pu changer toute leur vie.

Je ne suis pas ton expert ni ton gourou. Je suis là pour t'inviter à découvrir ce que tu sais déjà. Quand tu lis ceci, soit conscient de ce qui te fait te sentir plus léger et ce qui expanse ton univers. Ce qui te donne une sensation de légèreté est ce qui est vrai pour toi.

Le moment est-il venu maintenant de découvrir ce que tu sais ?

Le moment est-il venu maintenant de te faire confiance ?

Susanna – la psy bizarre

J'ai travaillé comme psychologue clinicienne pendant des années en utilisant différents outils et méthodes ; par exemple la thérapie psychodynamique longue et brève et la psychothérapie cognitivo-comportementale. J'applique le test neuropsychologique pour vérifier les diagnostics.

Durant ma première année en tant que psychologue clinicienne, mon travail me pesait et mon corps était souvent fatigué. J'avais le point de vue que c'était ma responsabilité de prendre soin de mes patients, de les faire aller mieux et de les sauver du suicide.

As-tu envie de refermer ce livre maintenant et d'aller dormir ? Et bien, c'est à ça qu'a ressemblé ma première année en tant que psychologue. Travailler et dormir. Et pour nombreux de mes collègues, c'est encore la réalité qu'ils vivent. Tu penses que j'exagère ? Regarde autour de toi. Combien d'énergie ont encore la plupart des psychologues, travailleurs sociaux, enseignants, mères, pères, etc. au bout d'une semaine de travail ? Combien de temps les gens passent-ils à sauver les autres et à faire en sorte que les autres se sentent mieux ?

Combien de temps utilises-tu pour faire en sorte que les autres se sentent mieux ? Passe ta vie en revue et perçois la part de temps que tu consacres à aider les autres.

Je n'étais même pas consciente de l'énergie que me coûtait mon travail. Oui, j'utilise le mot « coûter » à dessein. Nous ne payons pas qu'en argent, nous payons aussi de notre temps, de notre énergie et de nous-mêmes. Après un an à peine, je commençais à envisager une autre profession. Je n'étais pas prête à consacrer ma vie juste à travailler dur et à dormir. Pas question ! Les résultats que j'obtenais par les méthodes thérapeutiques traditionnelles n'étaient pas suffisamment satisfaisants pour me motiver à continuer à travailler ainsi. Ce que je parvenais à faciliter pour mes clients n'était pas à la hauteur de ce que je savais être possible.

Il fallait que cela change ! C'était mon exigence. Même si j'avais étudié de nombreuses années pour devenir psychologue, j'étais prête à lâcher tout et à chercher un autre métier si mon travail et la façon dont il se manifestait ne changeaient pas.

Dans ce même temps, j'étais consciente qu'une formation pourrait changer les choses pour moi. L'un ou l'autre cours ou atelier, qui serait le point de départ de quelque chose de nouveau. Je ne savais pas quel genre de cours ni quand il se montrerait. Je savais juste que ce serait le cas. Et ce savoir était fort.

Je t'en prie, ne t'amuse pas en lisant ce livre. Ce n'est pas bien de s'amuser. C'est immoral et ça rend la vie beaucoup trop facile. Particulièrement quand tu es psychologue et thérapeute, tu dois être sérieux, sinon tu es jugé et crucifié sur la croix d'un comportement non scientifique et non fondé sur des preuves. Tu dois être « professionnel ». Être professionnel, ça veut dire exclure le fun. Pourtant, c'est quand mes clients ont commencé à s'autoriser à s'amuser qu'ils ont connu les plus grands changements.

Oh, satisfaire mon cerveau ! Mon cerveau était mon atout le plus cher, pour une grande part de ma vie. Mon cerveau et moi étions les meilleurs amis du monde ; on faisait tout ensemble, on allait partout ensemble, on pouvait résoudre tous les problèmes… Ah, c'était le bon temps…

Alors, oui, j'étais un « cerveau sur pattes ». Mais c'est quoi un « cerveau sur pattes » ? Tu sais, quand les petits enfants commencent à dessiner des bonshommes, ils les dessinent avec une grosse tête et des tout petits pieds attachés au cerveau. Ils ne les dessinent pas comme ça parce qu'ils ont des capacités limitées à leur âge. En fait, ils sont brillamment conscients de la manière dont les gens choisissent de fonctionner dans cette réalité. Ils savent que ce monde est un monde « exclusivement cerveau ». Oublie ton corps, prends ton cerveau et *let's rock and roll*. C'est cette façon de fonctionner que je qualifie de « cerveau sur pattes » ! (Bienvenue dans mon bizarre sens de l'humour.)

OK, revenons à nos moutons. Pour satisfaire mon cerveau insatiable, je recherchais constamment des ateliers et formations. Mon cerveau me demandait de faire des choses, vu que juste faire confiance, être et laisser être ce qui apparaît, ce n'était pas assez pour mon cher cerveau. Il fallait que je contrôle. (Au passage, que sais-tu de ta propre obsession du contrôle ?)

Ma minutieuse recherche fut vaine. Et puis un atelier Access Consciousness® est apparu au moment et à l'endroit où je m'y attendais le moins. Je n'avais aucune idée de ce dont il s'agissait, mais j'y suis allée, sachant au fond de moi qu'il allait changer ma vie.

L'atelier durait cinq jours et cela m'a amenée à suivre d'autres ateliers et classe Access Consciousness® dans le monde entier : en Suède, en Angleterre, au Costa Rica et en Australie. Résultat : j'avais le sentiment que ma vie était totalement différente, ma réalité était différente et j'avais une valise pleine d'outils pour faciliter le changement, pour moi et pour le monde.

Ma relation de couple a changé. J'ai vendu ma maison et déménagé en ville. J'ai changé ma façon de travailler et surtout, je savais qui j'étais et ce dont j'étais réellement capable et que je n'aurais jamais pensé possible.

Maintenant, je crée un paradigme différent avec la psychologie et la thérapie, avec ce que je sais, avec ce que je suis, et avec les outils révolutionnaires d'Access Consciousness®. C'est ce que j'appelle la « Psychologie Pragmatique ».

CHAPITRE DEUX

PSYCHOLOGIE PRAGMATIQUE

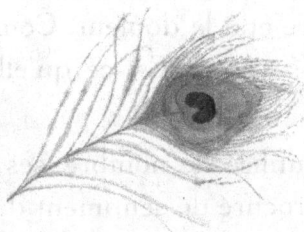

Qu'est-ce que j'entends par « Psychologie Pragmatique » ? C'est le nom que je donne aux techniques, informations et perspectives utilisées pour te faciliter la possibilité de sortir de l'état de victime et cesser d'être l'effet de ton passé, des autres et de ton conditionnement. Ces outils te donnent le pouvoir de savoir que tu as le choix ; les utiliser t'ouvre les portes pour que tu puisses créer ta vie, et vivre comme tu le désires vraiment.

La Psychologie Pragmatique reconnaît tes capacités, qui tu es, et ce que tu sais. Elle vise à ôter de ton chemin tout ce qui ne te permet pas d'être toi. La Psychologie Pragmatique applique les outils d'Access Consciousness® à la psychologie et à la thérapie pour créer une perspective différente sur la folie, le diagnostic et de plus grandes possibilités de changement.

Il ne s'agit pas d'une énième théorie ou concept qui te dit comment tu devrais vivre ta vie. Ce n'est pas une recette pour réparer ta vie. Ni une modalité qui te dit ce qui est bien et ce qui n'est pas bien. Il ne s'agit pas non plus de mieux t'adapter à cette réalité. La plupart des modalités et théories sont conçues pour parvenir à tout cela ; elles sont une façon d'expliquer et de rendre compréhensible ce qui ce passe dans le monde pour essayer de trouver une solution à la souffrance et à la douleur. Combien de ces modalités as-tu déjà essayées ? Est-ce qu'elles ont fonctionné pour toi ?

J'ai étudié et utilisé de nombreuses modalités et elles ne m'ont jamais procuré de sentiment de paix ni d'aisance. Elles ne m'ont jamais apporté la perception de moi et elles ne reconnaissaient pas ce que je sais être possible au-delà de ce qui m'a été présenté comme cette réalité. J'ai constaté que la plupart des modalités sont créées pour réparer les problèmes, et donc, les personnes qui les utilisent supposent qu'il y a un problème.

Les clients supposent cela aussi. Quand je les rencontre, au quotidien, ils me racontent tout ce qu'ils ont traversé, tous les abus, et à quel point ils ont tort, et j'en ai les larmes aux yeux. Je vois leur génie, leurs capacités, leur grandeur et la différence qu'ils sont et qu'ils n'ont pas encore reconnues : leur capacité à changer le monde.

J'ai toujours su qu'il y avait une autre façon de faciliter le changement. J'ai créé la Psychologie Pragmatique pour que les gens puissent commencer à reconnaître qui ils sont vraiment et commencer à allumer les lumières de la conscience.

La Psychologie Pragmatique offre les outils, les informations et l'expansion de ta conscience qui te permettent de savoir ce que tu sais, de recevoir tout sans jugement et de changer tout ce que tu désires changer.

Au départ la psychologie était l'art de savoir. Plus tard, elle est devenue l'étude du comportement et de la pensée. Et si nous pouvions créer la psychologie comme ce qui te permet de savoir ce que tu sais.

La Psychologie Pragmatique sort la psychologie de la polarité de cette réalité, où tout est une question de bien ou de mal, de faire ce qu'il faut, de prendre la bonne décision, de gagner et ne pas perdre. La psychologie, au sens traditionnel du terme, vise à ce que la personne s'adapte et se conforme au mieux à cette réalité. Elle pose les normes de ce qui est sain et de ce qui est fou. Elle pose qu'avoir un problème psychologique, c'est bien et « normal ».

La plupart du temps, la psychologie ne remet même pas en question le fait que tu aies effectivement un problème. Au lieu de cela, elle recherche ce qui cloche, supposant que quelque chose cloche et pourquoi cela cloche et recherche des preuves que quelque chose cloche.

Par contre, la Psychologie Pragmatique t'invite à la question, au choix, aux possibilités, et encourage la contribution. Elle t'invite à un endroit où tu peux sortir du tort de toi et où tu sais que tu as le choix, et où tu poses les questions qui créent de plus grandes possibilités pour toi et ta vie, et où tu contribues à la création de ce que tu désires vraiment. En posant des questions, tu vas au-delà de la réponse et de la conclusion, pour aller dans la conscience de ce qui est réellement possible pour toi.

Les problèmes et les difficultés ne sont créés que lorsque nous ne sommes pas prêts à être conscients et à voir les choses comme elles sont. Chaque fois que nous réduisons notre conscience et ne sommes pas disposés à être conscients, nous créons des problèmes. C'est un peu comme si tu essayais de t'habiller dans le noir. Quand tu te retrouveras dans la lumière, tu seras peut-être surpris de voir le résultat.

Souvent, ce qui se passe réellement pour les gens est trop bizarre pour cette réalité. Alors, ils restent dans le champ de la normalité, où il est possible de trouver une réponse expliquant pourquoi le problème ne peut être changé. Ou bien, on tire simplement la conclusion que la personne est trop malade pour être guérie. C'est le cas par exemple de la schizophrénie ou de l'autisme. De nombreux experts ne savent pas vraiment, ou ne veulent pas savoir ce qui se passe vraiment pour ces personnes avec ces diagnostics parce que ce qui se passe en réalité est au-delà de la « normalité » de cette réalité. J'ai rencontré des patients psychotiques et schizophrènes. Et quand nous avons regardé ce qui se passait vraiment, cela a changé leur vie, même si cela ne rentrait dans aucun modèle d'explication psychologique ; ils ne collaient plus au diagnostic standard.

Savoir ce qui est, c'est cela la conscience. C'est allumer la lumière pour voir les choses comme elles sont. Quand tu allumes la lumière, tu vois tout. Tu ne dois plus marcher sur le verre cassé sur le sol de ta vie et tu vois où est l'herbe sur laquelle il fait bon marcher. Pour expanser ta conscience de ce qui se passe vraiment, il faut poser des questions, ne pas tirer de conclusions, et faire confiance à ce que tu sais. Tu deviens détective. Ce que tu découvres est bien au-delà de ce que cette réalité estime être possible.

À l'origine, la psychologie était censée être un outil destiné à te libérer de l'ego. Mais c'est une description erronée de ce qui est. L'ego est-il réel ou est-ce une création ? L'ego est un concept créé par l'esprit. Les gens tentent de se libérer de quelque chose qui est une invention. Comme tous les autres problèmes. Alors, les gens essaient de se libérer de leur esprit en utilisant leur esprit, la chose même qui crée le problème. Est-ce que ça fonctionne ? De combien de choses qui ne sont même pas réelles essaies-tu de te débarrasser, alors que tout ce que tu fais, c'est de t'enfoncer de plus en plus dans le terrier, dans tes propres inventions ?

Et si la finalité de la psychologie était pour toi d'être toute la conscience que tu es vraiment ? La conscience est très pragmatique. Elle te donne les informations dont tu as besoin pour créer ce que tu désires vraiment.

« La conscience inclut tout et ne juge rien »

Gary M. Douglas

La Psychologie Pragmatique vise à poser des questions pour découvrir ce qui est, au lieu de ce que l'esprit *pense* qui se passe. Elle vise à découvrir qui tu es, ce dont tu es capable, et ce qui est possible pour toi.

La conscience décoince les drames et mélodrames de la vie.

Le moment est-il venu maintenant pour toi de passer du dramatique au pragmatique ?

Es-tu prêt pour l'aventure ?

CHAPITRE TROIS

LE CHANGEMENT PEUT ÊTRE FACILE ET RAPIDE, ET PAS SEULEMENT POUR LES AMÉRICAINS

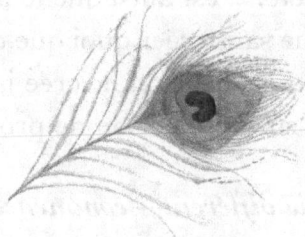

Quand on grandit, on nous apprend que le changement prend du temps et beaucoup de travail. Facile et rapide n'est pas possible ; on présuppose que c'est un fantasme. Les Européens disent que le rapide et facile c'est « typiquement américain », ce qui est un jugement que de nombreux Européens ont des Américains : ils font tout vite et facilement, comme le fast food.

La plupart des gens s'enorgueillissent de travailler dur pour quelque chose. Et si c'est facile et rapide, ce n'est ni réel, ni appréciable et seulement superficiel. Particulièrement en tant que psychologue, on apprend toutes les façons de créer du changement pour les gens, et comment cela fonctionne et, dans tous les cas, que cela prend du temps et beaucoup d'efforts.

Le premier point de vue en psychologie est que nous devons rendre les choses meilleures pour les gens. L'objectif est de faire en sorte que les gens se sentent mieux et qu'ils puissent dépasser leurs problèmes, et les rendre aptes à devenir des éléments fonctionnels de la société. Il existe une certaine norme de ce qui est bien et de ce qui n'est pas bien. De ce qui est sain et de ce qui ne l'est pas. Les normes maintiennent le statu quo, donc laissent les choses comme elles ont toujours été. C'est ainsi que le monde tourne sans cesse dans une roue sans créer quoi que ce soit de différent. On change des choses, mais on ne crée jamais rien de différent. L'idée est de survivre et non de prospérer.

Pareil, pareil mais différent – commence à utiliser ton GPS

Durant mes études, j'ai appris que quand je travaille avec un client, je suis censée conceptualiser le problème, trouver ce qui cloche, trouver la cause du problème. Et aider le client à changer sa façon de penser et de se comporter. Chaque fois que je faisais cela, mes clients venaient avec encore plus de choses qui n'allaient pas chez eux et pourquoi cela n'allait pas. Et c'était sans fin. C'est comme un dragon dont on coupe une tête, faisant apparaître dix nouvelles têtes encore plus immondes. Cela ne changeait jamais rien. Mes clients et moi, nous nous sentions juste de plus en plus mal, et nuls de n'arriver à rien. Nous étions piégés dans la matrice de cette réalité, rendant toutes les insanités réelles et en les rendant encore plus réelles en essayant de les comprendre. Cela n'a jamais rien créé de différent. Cela ne faisait que maintenir le problème.

Créer quelque chose de différent, ce n'est pas voir ce qui ne va pas chez toi et t'enfoncer profondément dans ce « tort » pour trouver la cause de tes problèmes. Combien de fois cela a-t-il réellement fonctionné pour toi et créé quelque chose de réellement plus grand pour toi et pour ta vie ? Ou t'es-tu juste senti encore plus tordu et lourd ?

Quand tu regardes ce qui ne va pas et que tu essaies de réparer, tu es obligé de te juger et de juger la situation, comme si c'était cela qui allait t'en sortir. Mais les jugements créent plus de jugements et tout ce que tu parviens à faire ainsi, c'est t'enfoncer de plus en plus profondément dans le jugement. Les gens pensent que c'est comme cela que l'on crée. Non, le jugement maintient les vieux problèmes comme ils sont.

Par exemple, dans les relations de couple, les gens jugent si leur partenaire a fait ce qu'ils attendaient qu'il fasse pour pouvoir conclure que la relation est bonne ou mauvaise. « Est-ce qu'il m'a apporté des fleurs cette semaine ? Est-ce qu'il a rabattu le couvercle des toilettes ? » Ils jugent leurs enfants pour vérifier s'ils se comportent comme il se doit. Les gens pensent que juger est la façon dont ils peuvent rendre les choses comme ils veulent qu'elles soient. Sauf que ça ne marche jamais. Tout ce que cela crée, c'est de la frustration.

En se reposant sur la conclusion et le jugement que quelque chose cloche, rien de plus grand ne peut apparaître dans ta conscience que ce qui correspond au tort que tu as décidé qui était réel.

Pour t'inviter toi-même à quelque chose de différent, pose-toi cette question :

Qu'est-ce qui est juste chez moi que je ne capte pas ?

Cette question te sortira du mode pilote automatique du tort, et commencera à t'ouvrir les portes qui te permettront de te recevoir toi.

J'ai souvent rencontré des clients qui commençaient à reconnaître la grandeur d'eux-mêmes pendant nos séances, puis, qui avaient un rendez-vous chez le médecin et se sentaient de nouveau mal dans leur peau. Pourquoi ? Parce que le médecin les regardait à travers les yeux du : « Alors, voilà quelqu'un qui a un problème » et l'attention était focalisée sur la supposition qu'il y avait effectivement quelque chose qui n'allait pas.

Ce qu'ils retiraient de cela, c'était plus de tort encore parce qu'ils croyaient que le médecin avait raison. Quand je leur demandais de recevoir le cadeau dans cette situation, ils prenaient conscience que ce que disait le médecin n'était que le point de vue du médecin et pas quelque chose de réel. Ils découvraient que personne, ni leur médecin ni aucun expert, ne savait mieux qu'eux-mêmes ce qui se passait réellement. C'est exactement cela qui commence à ouvrir les portes sur quelque chose de plus grand : Toi qui sors du jugement et qui commences à faire confiance à ta conscience.

Ta conscience est l'une des choses les plus précieuses que tu aies. Elle te dit ce qui rendra ta vie plus aisée et plus grande. C'est le GPS – le Global Possibility System (le Système Global des Possibilités) – que tu n'as peut-être pas encore commencé à utiliser. C'est tellement simple. Commence à faire confiance à « ce qui est léger est juste » et avance dans cette direction vers la Rue de l'Aisance. Quand les choses deviennent lourdes et sombres, tu sais que tu dois changer de direction vers quelque chose de léger. Démarre ton GPS !

C'est là un paradigme complètement différent pour créer le changement et être dans le monde. Alors, donne-toi un peu de temps pour t'ouvrir à une nouvelle façon d'être. Peu de gens autour de toi savent déjà cela. Les gens autour de toi rendent les problèmes, jugements, pensées et émotions réelles et pertinentes. Et si ce n'était pas le cas ?

Tu n'es pas tes problèmes, tes pensées ou tes émotions. Tu es bien plus que cela. Tu n'as pas besoin de comprendre pourquoi tu as des problèmes ou ce qui les cause. « Quoi ? », pourrais-tu me répliquer... Oui. Tu sais ce qui est possible. Et qu'est-ce que c'est ? C'est ton choix de ne plus rendre réels les points de vue et les jugements des autres et de découvrir ce qui est réel pour toi. Comment ? C'est ce que je m'apprête à te dire.

Laisser s'en aller l'importance des drames et mélodrames permet d'actualiser dans ton monde qui tu es vraiment et ce que tu voudrais vraiment créer beaucoup plus aisément et rapidement que ce que tu peux imaginer. La plupart des gens adorent les drames et les mélodrames. C'est la *telenovela* qui rend leur vie intéressante. La plupart des gens préfèrent maintenir leurs drames et mélodrames plutôt que d'être libres.

En t'autorisant à être libre, tu peux devenir toi. Ce que j'entends les clients dire, c'est « Toute ma vie a tellement changé. Je ne suis plus l'effet des autres et des jugements et de la façon dont les choses sont supposées être. Je ressens dans mon monde une paix et une joie incroyables. Je vais dans le monde et je reçois tout et je permets à tout, le bon comme le mauvais, de contribuer à moi-même, à mon corps et à ma vie. »

Savais-tu que même quand les gens sont énervés après toi, ils peuvent être une contribution pour toi ? Comment ?

Si tu abaisses toutes tes barrières, que tu reçois ce qu'ils ont à dire, que tu laisses cela passer à travers toi, et que tu n'as pas le point de vue que cela pourrait te blesser ou t'affecter. Les gens qui sont en colère dégagent beaucoup d'énergie. Si tu ne perçois pas cela comme quelque chose de mauvais, tu peux recevoir cette énergie de manière vitalisante, rien qu'en abaissant tes barrières. Essaie. C'est fun. Et si tu as ce point de vue, ils ne resteront pas longtemps en colère.

Oui, ceci est nouveau et différent. Et s'il n'y avait aucun mal à ce que les choses soient nouvelles et différentes ?

Même si personne que tu connais n'a cette perspective, si c'est léger et expansif pour toi, pourquoi ne choisirais-tu pas cela juste parce que personne d'autre que tu connais ne le choisit ? Es-tu prêt à être le leader de ta vie ? Le pire qui puisse arriver c'est que tu commences à être heureux dans ton entourage. Et pire encore, tu serais une invitation pour les autres à cette possibilité.

La danse et la transe de la réaction

Quelle part de ta vie est-elle basée sur les points de vue des autres que tu as décidé que tu ne pouvais pas outrepasser ? Dans cette réalité, nous avons appris à réagir d'une certaine façon à certaines situations. Quand tu perds quelqu'un, ta réaction est censée être la tristesse. Quand ton petit ami passe du temps avec son ex-petite amie, tu es censée mal le prendre. Quand tu es dans un embouteillage, tu es censé être stressé ou en colère. Nous avons appris certains mécanismes à partir desquels il est normal de fonctionner. C'est fonctionner à partir de notre pilote automatique, appelé « réalité ». La réaction ne te laisse jamais le choix. Tu es toujours en train de chercher la bonne façon de te comporter, de te rentrer dans le moule et d'être normal.

La colère, la tristesse, la peur, la douleur… Tout cela est-il réel ou est-ce que ce sont des inventions ? Ce qui les rend réelles, c'est que tu les rends réelles parce que tout le monde fait pareil. T'es-tu déjà retrouvé dans une situation extrême ? Par exemple, perdre quelqu'un de très proche, et à la seconde où tu reçois l'information, tu n'as pas de réaction ? Alors, tu commences à réfléchir à la réaction appropriée, et le calcul démarre instantanément ; tu plonges dans les univers des autres pour trouver ce qui est juste dans cette situation et quelle est la réaction appropriée.

Il y a quelques semaines, mon chat est mort. Je l'aimais vraiment beaucoup et il a passé de nombreuses années auprès de moi. Quand il est mort, je n'ai eu absolument aucune réaction. J'étais tout à fait en paix. Pas de tristesse, pas de sentiments ni d'émotions. Après quelques minutes, mon cerveau a commencé à calculer la situation et a essayé de faire ce qu'il convenait de faire, c'est-à-dire être triste et pleurer. Alors, j'ai pleuré un peu et puis j'ai demandé : « Qu'est-ce que cette chose appelée tristesse ? Est-ce vraiment de la tristesse ou est-ce autre chose ? » Puisque cette « autre chose » me permettait à moi et à mon corps de nous détendre, je savais que j'étais sur la bonne piste. Immédiatement, les choses se sont allégées, j'étais à nouveau en paix, et je me suis mise à rire. Je savais que ce que j'avais appliqué à tort comme de la tristesse était en fait de la joie et de la gratitude pour mon chat. Comment puis-je être aussi chanceuse d'avoir autant de merveilleux moments avec lui ?

Le décès de mon chat était supposé être quelque chose qui devait me causer de la tristesse et du chagrin. Cela aurait été la « bonne » réaction. Être triste aurait prouvé à quel point mon chat comptait pour moi. Ne pas être triste quand quelqu'un meurt est jugé comme froid et indifférent, ou comme une réaction malsaine de refoulement, c'est-à-dire juste une autre façon de dire que ce n'est pas bien.

Combien de fois n'as-tu pas entendu dire : « Tu n'as pas de cœur », pour dire que tu es froid et mauvais ? Les sentiments sont utilisés pour prouver une connexion. En découvrant ce qui se passait réellement et que je n'étais pas du tout triste quand mon chat est mort, mais plutôt reconnaissante à son égard, j'ai reconnu l'incroyable connexion que j'avais avec mon chat et il n'était plus nécessaire de prouver quoi que ce soit par des sentiments. J'étais totalement consciente et je recevais la contribution que mon chat était pour moi et moi pour lui.

Les pensées, les sentiments et les émotions sont des inventions que les gens utilisent pour se rendre eux-mêmes « réels » et avoir raison dans cette réalité, pour se conformer et prouver qu'ils ne sont pas indifférents. Et si tu n'avais plus besoin de te rendre « réel » ou de rentrer dans le moule, ou de prouver quoi que ce soit, mais simplement de savoir que tu es un incroyable cadeau ?

Et si tu essayais une approche différente ?

Cesse de donner ton pouvoir à quelqu'un ou quelque chose d'autre

Tu connais les voix qui te disent que tu as un problème et que tu n'en sortiras jamais ? Chaque fois que tu essaies de rendre tes problèmes logiques et de leur trouver une raison, tu rends toutes ces voix réelles. Tu leur donnes du pouvoir au lieu de t'approprier ton pouvoir. Tu donnes plus de force à ces voix et tu leur accordes plus de valeur qu'à toi-même. Ce sont juste des voix, des pensées et sentiments. Comment pourraient-ils être un tant soit peu plus grands que toi ? Rendre tout cela plus grand que toi maintient le statu quo de ta situation et n'autorise aucun changement. Tu cèdes toutes tes capacités et ta puissance à changer ce qui se passe. Tu fais de toi l'effet de tout ce que tu rends réel.

Toutes ces pensées dans ta tête qui te disent que tu n'es pas assez bien, que tu es nul, moche, et que tu ne sais pas quoi faire ni où aller, ou comment résoudre tes problèmes, sont des inventions de ton esprit. Elles ne sont réelles que si tu les rends réelles. Comment t'en débarrasser alors ? Et bien, c'est là que les choses deviennent pragmatiques !

Pour te débarrasser de toutes ces petites voix qui te disent à quel point tu es nul et que tu as tort, tu peux dire la phrase suivante environ dix fois chaque fois qu'une pensée de ce genre te murmure à l'oreille.

Go back to from whence you came, never to return to me or this reality.[1]

Cette phrase renvoie toutes ces voix qui te font te sentir mal, faible et pathétique et qui te disent que tu n'as pas le choix. Elle te permet de prendre les rênes de ta vie et d'exiger que tout ce qui te limite s'en aille.

Je sais que cela peut paraître bizarre, mais cela marche indubitablement. (Au fait, sais-tu ce que « bizarre »[2] veut dire ? Cela veut dire « de l'esprit, du sort ou du destin ». Alors maintenant, est-ce que c'est fun d'être bizarre ?)

Les gens qui pensent qu'ils ont des problèmes s'asseyent dans le siège passager de leur propre vie. Exiger le changement te fait passer à l'action pour créer la vie que tu désires vraiment. La phrase que j'ai partagée plus haut est conçue pour renvoyer tout ce qui te dit que tu es une victime, que

---

1 Cette phrase doit être dite en anglais
2 Il s'agit ici du mot « weird » en anglais.

tu n'as pas le choix et que ta place est dans le siège passager, et pas aux commandes de ta vie.

Essaie-la ; qu'est-ce que tu as à perdre ? Fais-le maintenant ! Utilise cette phrase et dis-la à tout ce qui te souffle à l'oreille que tu es faible, que tu n'as aucune chance de réussir, que tu ne seras jamais capable d'obtenir ce que tu désires vraiment, et que dire cette phrase ne servira à rien.

Et si tu étais bien plus puissant que tu ne l'as jamais reconnu ? Est-ce que c'est plus léger pour toi ? Ce qui est léger est vrai pour toi !

Qui ou quoi rends-tu plus puissant que toi-même ?

J'ai travaillé avec un jeune homme avec des TDA et des TOC qui prenait des médicaments au moment où nous nous sommes rencontrés la première fois. Il disait que son médecin avait dit qu'il avait besoin des médicaments pour fonctionner, sinon sa « maladie » allait prendre le contrôle de sa vie. Je l'ai écouté et lui ai demandé si c'était aussi son point de vue. Je lui ai demandé ce qu'il savait. Une semaine plus tard, il est revenu tout souriant avec des yeux brillants en disant qu'il avait « laissé tomber » ses pilules.

« Comment ces petits machins peuvent-ils être plus puissants que moi ? », a-t-il dit. « Quelle connerie ai-je gobée du médecin que j'en avais besoin ». Il n'a plus pris son médicament depuis lors et n'a pas de problème avec les TDA et les TOC. Il était prêt à recevoir une perspective différente et les outils pour utiliser ses TDA et ses TOC à son avantage.

Je ne suis pas en train de vous dire de jeter tous vos médicaments à la poubelle. Je vous invite à poser des questions.

Qu'est-ce que tu sais ?

Qu'est-ce que ton corps sait ?

« *Corps – requiers-tu vraiment ces pilules ?* »

Beaucoup de gens ne demandent jamais à leur corps ce qu'il requiert vraiment. Ils pensent que le médecin sait mieux qu'eux, alors ils prennent le médicament. Le médecin prescrit le médicament sur la base d'informations générales sur le fonctionnement du médicament et pas vraiment sur la façon dont ton corps fonctionne. Ton corps sait ce qu'il requiert. Il est son propre expert. Tu peux utiliser le test musculaire pour trouver ce que ton corps requiert.

Voici comment effectuer le test musculaire : tiens-toi debout bien droit avec les pieds joints et place les pilules devant ton plexus solaire et demande à ton corps s'il requiert ces pilules maintenant. Si le corps penche vers l'avant vers les pilules, c'est oui. S'il s'éloigne des pilules, donc qu'il va vers l'arrière, c'est non. S'il part sur le côté, il faut poser des questions plus spécifiques. « Corps, requiers-tu une demi-pilule maintenant ? Requiers-tu une seule pilule maintenant ? La requiers-tu plus tard ? Veux-tu la pilule près du lit pendant ton sommeil. ? » Continue simplement à poser des questions jusqu'à ce que tu reçoives la conscience de ce que ton corps requiert. Plus tu demandes, mieux tu recevras la conscience. Joue avec les questions ! Tu peux faire la même chose pour les aliments et les boissons.

Fais confiance à ce que tu sais

Tu ne manques pas de confiance en toi, ce qu'il te faut, c'est faire confiance à ce que tu sais. Tu es la seule personne qui sache ce qui est vrai pour toi. Une fois que tu commences à reconnaître et à faire confiance à cela, tu n'auras plus de problèmes.

Il ne faut rien de plus. Commence aujourd'hui. Choisis ce qui te détend et qui détend ton corps, ce qui est léger pour toi, ce que tu sais être juste et qui expanse ton monde et honore-toi assez pour faire tes choix même quand les gens autour de toi ne sont pas du même avis. Qu'est-ce que tu attends ? N'as-tu pas rendu les points de vue des autres plus valables que ce que tu sais depuis longtemps ? Qu'est-ce que tu peux choisir tout de suite, maintenant, qui expanse ta réalité ? Une promenade, un bon repas, appeler une personne bienveillante, jouer avec un chien, caresser un chat, laisser partir le tort de toi, et garder ta détermination à changer ta vie coûte que coûte ?

Qu'est-ce qui, dans ta réalité, te donne le sens de toi ? Rédige une liste de toutes ces choses et fais-en au moins quelques-unes tous les jours. Et si c'était toi la priorité numéro un dans ta vie ?

Beaucoup de gens disent qu'ils désirent une vie meilleure et qu'ils aimeraient dépasser leurs problèmes, sauf que nombre d'entre eux mentent. Ils n'ont aucune envie de dépasser quoi que ce soit. En fait, ils prennent plaisir à leur souffrance. Il m'a fallu longtemps pour comprendre cela. Je m'imaginais que parce que quelqu'un me disait qu'il désirait changer, qu'il le pensait vraiment. Ô combien je me trompais ! J'ai appris à mes dépens qu'il fallait que je pose une question avant chaque séance. « Vérité, cette personne souhaite-t-elle vraiment changer ? »

« Vérité, est-elle vraiment intéressée et pourra-t-elle recevoir une possibilité différente ? » Je dis « vérité » avant chaque question pour savoir si la personne ment ou pas.

Il faut beaucoup de courage pour lâcher son « insanité », c'est-à-dire ce que les gens utilisent pour se définir et se limiter. Beaucoup de gens préféreraient conserver leur « insanité » parce qu'elle leur donne l'impression d'être connectés à cette réalité. Être « insensé » te maintient dans le spectre de la normalité. Laisser aller cela te permet de sortir totalement de la norme, d'être totalement le déviant ou l'« anormal » que tu es vraiment, hors des confins du statu quo.

Les problèmes : simplement une question de choix

Poser la question pour savoir si mes clients veulent vraiment une vie plus grande m'a permis de voir que beaucoup de gens aiment leurs problèmes et leur « insanité ». Cela fonctionne pour eux. C'est qui ils pensent être et comment ils font marcher leur vie. Ils sont fonctionnels avec leur dépression et leur anxiété. Une fois que je n'avais plus de jugements à ce sujet et que je ne forçais pas le changement chez mes clients, mon travail est devenu beaucoup plus simple et mes clients avaient le choix de changer ou non.

Beaucoup de mes clients ont pris conscience du fait qu'ils ne désiraient pas dépasser leur dépression. Ils se sont autorisés à recevoir cette conscience et ont appris à ne pas juger leur choix. Et cela créait une autre possibilité ; cela semait une graine qui pourrait grandir en une réalité plus grande s'ils le choisissaient. Prendre conscience de son choix de ne pas changer et d'être déprimé est vraiment un cadeau important. Il n'y a pas de mal à cela. C'est juste un choix. Pose-toi la question :

Vérité, est-ce que je désire vraiment dépasser mes problèmes ?

De quoi as-tu pris conscience en te posant cette question ? Utilisons maintenant cette conscience en posant d'autres questions encore.

Si tu as pris conscience que jusqu'à présent tu ne désirais pas vraiment changer tes problèmes, demande :

Quelle est la valeur pour moi de m'accrocher à mes problèmes ?

Est-ce t'assurer d'avoir des personnes qui vont te soutenir ? Est-ce t'assurer que tu auras quelque chose à faire ?
T'assurer que tu ne seras pas plus que ce que tu as décidé
que tu pouvais être ? Limiter ta conscience pour ne pas
recevoir ce que tu sais et ce dont tu es vraiment capable ?
Pour ne pas te sentir différent ? Pour que ta vie ne devienne
pas trop facile ? Pour t'assurer que tu n'es pas puissant ?

Alors, qu'est-ce que c'est pour toi ? Tout ce qui te fait
sourire ou rire, détend ton corps, ou rend ton monde léger,
est un indice de ce qui est vrai pour toi.

Une fois que tu réalises qu'il y a une certaine valeur à
maintenir tes problèmes, tu peux les regarder sans point
de vue et sans jugements. Et s'il n'y avait pas de mal à
découvrir que maintenir tes problèmes a de la valeur pour
toi ! Et peut-être ris-tu déjà du fait que tu as donné à tout
cela bien plus de valeur qu'à être toi. Ne sommes-nous pas
comiques ? Nous rendons tout ce fatras plus réel que ce
que nous sommes vraiment. Notre espèce n'est pas plus
maligne et pourtant nous nous trouvons tellement intelligents.

Demander le changement

Quand les gens demandent un changement personnel,
ils le demandent généralement à partir d'un point de vue
négatif. Quelque chose est « mauvais » et ils demandent
quelque chose de « bon ». Ils partent donc d'un pôle, le
mauvais, pour aller à l'autre pôle, le bon. Les deux sont
chargés. L'un a une charge négative, l'autre une charge
positive. Ce que la plupart des gens ne comprennent pas,
c'est qu'ils passent d'un pôle à l'autre comme un balancier
qui va d'avant en arrière, passant d'heureux à triste et de
triste à heureux, sauf que rien de différent n'est créé.

Au lieu de demander du changement, demande que ce qui ne fonctionne pas dans ta vie se dissipe pour que quelque chose de différent puisse apparaître. Les gens demandent en général quelque chose de positif quand ils se sentent mal. Cela ne fait que te maintenir dans la polarité, qui ne crée jamais rien de différent. Tu peux être en mode positif pendant un temps et te sentir bien et toujours avoir la « peur » que tu puisses te retrouver en mode négatif, comme si tu n'en avais pas le contrôle. As-tu déjà entendu cette voix persistante, alors que tu te sens enfin bien, qui te dit que cela ne durera pas ? C'est exactement ce qui se passe quand tu restes dans la polarité du bien et du mal. C'est comme jouer au tennis, d'avant en arrière. Et si tu étais cet espace libre où quelque chose de totalement différent peut entrer dans ton monde ? Oui, c'est possible. Poursuis simplement ta lecture.

La magie des questions. Voudrais-tu que quelque chose change maintenant ?

Voici des questions que tu peux utiliser au quotidien pour créer une vie plus grande : « Quoi d'autre est possible qui générerait et créerait une réalité totalement différente pour moi ? Comment est-ce que ça peut devenir encore mieux que ça ? » Tu peux poser ces questions chaque fois que tu recherches quelque chose de plus grand. Quand tu viens de trouver 10 dollars sur le trottoir, tu peux demander « Comment est-ce que ça peut devenir encore mieux que ça ? » Quand tu te disputes avec ton ami, tu peux demander « Comment est-ce que ça peut devenir encore mieux que ça ? » Chaque fois que tu demandes, tu continues à créer plus plutôt que d'abandonner.

Les questions te permettent d'ouvrir la porte à l'univers entier pour qu'il puisse contribuer à ta vie, de manière bien plus grande et au-delà de tout ce que tu peux imaginer. Les questions sont le charme magique qui te sort de ce qui ne fonctionne pas, c'est-à-dire de toutes les conclusions et jugements par rapport à ce qui fonctionne réellement. Chaque conclusion est en endroit où tu as décidé qu'il y avait un problème – si tu continues à marcher du même côté de la route, rien ne changera.

Par exemple, si tu dis que tu as des problèmes d'argent et que tu n'as pas d'argent, tu as créé une conclusion, une réponse qui te dit que tu as des problèmes d'argent. C'est comme si tu marchais dans le monde avec des œillères qui font que tu ne vois que droit devant toi sur une route appelée Rue des Problèmes.

Une amie me disait qu'elle avait des problèmes d'argent et qu'elle ne parvenait pratiquement plus à payer son loyer. Elle était très inquiète. Ne pas avoir d'argent avait été la réponse avec laquelle elle vivait depuis longtemps. Je lui ai demandé, « Alors, quoi d'autre est possible pour toi maintenant ; que peux-tu être ou faire différemment pour changer ça ? » Elle m'a répondu : « C'est drôle, quand tu me demandes ça, je me sens plus légère et je sais qu'il y a quelque chose, même si je n'arrive pas à mettre les mots ».

Le lendemain, elle m'a dit qu'elle avait continué à poser cette question et tout d'un coup, elle s'est souvenue d'un vieux règlement d'assurance qu'elle n'avait pas encore touché. Elle a appelé la compagnie d'assurances et a découvert que c'était le moment de recevoir cet argent, et le montant était important.

Poser des questions te permet de savoir ce que tu sais quand tu es coincé par tes conclusions et tes jugements que quelque chose cloche.

Quand tu décides que quelque chose ou quelqu'un est parfait, c'est aussi un jugement et une réponse qui t'enferme. C'est la réponse qui t'empêche d'accéder à plus. Les gens disent : « C'est l'homme idéal, le job idéal… » Quand tu as ce point de vue, tu ne peux pas recevoir l'information si la personne n'est pas si idéale que ça et si être avec cette personne rétrécit en fait ta vie. Ce point de vue te retire de la conscience et fait de toi la victime de tout ce que tu n'es pas disposé à savoir.

Les gens se demandent pourquoi soudainement ce n'est plus aussi bien d'être avec la personne avec qui tout était si parfait. Demander chaque jour « Qu'est-ce qui est possible aujourd'hui avec cette personne, ce travail… qui pourrait expanser ma vie ? » te permettra de recevoir l'information nécessaire pour créer ce que tu désires vraiment.

Pose des questions ! Dépasser la maladie mentale et trouver ce qui est vrai

Tout ce que tu as à faire, c'est de demander et recevoir. Dès que tu n'accordes plus de pertinence et d'importance à tes problèmes, pensées et sentiments et que tu commences à poser des questions, tu peux recevoir ce qui est vraiment possible.

Alors, je te demande : est-ce que la tristesse, la dépression et l'anxiété sont réelles, ou sont-elles des inventions que les gens créent ? Simplement le fait que tu les sentes ne les rend pas réelles. Les gens pensent que ce qu'ils sentent est réel. Tu n'es pas tes sentiments. Les sentiments sont comme la météo. Est-ce qu'un arbre serait perturbé par la pluie ? Non, il sait que c'est juste de la pluie et que cela va changer et que c'est quelque chose de passager.

Serais-tu prêt à lâcher l'idée que tout ce que tu sens est automatiquement réel ? Dire : « Je me sens mal ou déprimé » est une déclaration qui t'enferme avec des sentiments désagréables et de la dépression. Tout ce qui ne correspond pas à cette déclaration ne peut entrer dans ton univers. C'est comme un mur qui te maintient hors des possibilités qui pourraient changer complètement la situation pour quelque chose de différent, avec aisance. Tu as déjà décidé que tu es triste. Est-ce que cette réponse te rend plus léger ? Et si tu posais des questions comme :

Qu'est-ce que c'est ?

Qu'est-ce que je fais avec ça ?

Est-ce que je peux le changer ?

Comment est-ce que je peux le changer ?

En décidant que tu es déprimé, tu gobes un mensonge. Un mensonge est un mensonge et ne peut être changé. Les questions ci-dessus peuvent changer toute ta vie. Es-tu prêt ?

Poser ces questions ouvre la porte à ce que tu deviennes conscient plutôt que de gober la réponse que quelque chose ne va pas. Quand tu poses ces questions, ne cherche pas de réponse. C'est comme l'exemple de la femme, avec l'argent, qui a demandé et qui a pris alors conscience qu'il y avait une autre possibilité, même si elle ne pouvait pas mettre de mots dessus. Elle a reçu l'information plus tard. Alors, demande et perçois le murmure de la possibilité qui te rend plus léger et permets-lui d'apparaître quand elle apparaît, quand c'est le moment.

Es-tu prêt à avoir une perspective différente et à commencer à poser une question chaque fois que tu te « sens » triste, déprimé ou toute autre sensation « lourde » ? Es-tu prêt à laisser tomber toutes tes conclusions et réponses sur le fait que tu te sens en tort, mal, ou triste et à te demander de quoi es-tu conscient que tu n'as jamais reconnu ?

Quelle part de ta tristesse, de ta dépression et de ta peur servent à dissimuler la puissance que tu es vraiment ? Quelle part de tes capacités et de ta puissance à changer caches-tu sous tous les mensonges que tu as gobés à ton sujet ? Ton univers devient-il plus léger à la lecture de ceci ? Tu ferais bien d'y prêter attention et de te demander si cela est vrai pour toi.

J'ai un ami qui souffrait de migraines depuis plus de dix ans. Il avait essayé toutes les méthodes possibles et imaginables pour changer les migraines et rien n'avait fonctionné. Il me parlait souvent de ses migraines, et un jour, il a posé une question sur ces migraines. Juste avant, il venait de me raconter son histoire et comment c'était horrible d'avoir des douleurs pareilles à la tête.

Le jour où il a posé une question, pour la première fois, il a pris conscience d'une possibilité de changement dans son univers. Il demandait quelque chose de différent et la question qu'il commençait à poser a permis d'ouvrir la porte. Il a demandé : « Quelle est cette chose que j'appelle migraine ? Est-ce que je peux la changer ? »

Je lui ai demandé : « Vérité, désires-tu vraiment changer cela ? » Il m'a regardé et m'a dit : « Évidemment, c'est tellement douloureux, j'ai presque voulu me tuer tellement la douleur m'était insupportable. J'ai tout essayé et rien ne marche. » J'ai dit : « Oui, ça, c'est la réponse logique. Au lieu de dire ce que tu penses, dis-moi, qu'est-ce tu sais ? Vérité, désires-tu vraiment dépasser tes migraines ? », et il m'a regardé en disant : « Non » et il a commencé à sourire et son corps s'est détendu.

Il a été tellement surpris par cette prise de conscience. Et il savait que c'était vrai, parce que cela a créé de la légèreté et de l'aisance dans son monde et dans son corps. Alors, je lui ai demandé : « Que sont les migraines ? Est-ce que ce que tu appelles migraines est vraiment des migraines ou bien quelque chose d'autre ? ». Le « quelque chose d'autre » l'a rendu plus léger. Alors je lui ai demandé : « Qu'est-ce que c'est ? » Il a commencé à rire et j'ai demandé : « Est-ce que ce que tu appelles migraines est en réalité des orgasmes ? As-tu appliqué et identifié l'orgasme comme de la douleur ? » Il m'a regardé avec de grands yeux ronds comme des billes et a commencé à rire à gorge déployée. Je pouvais percevoir que son monde changeait complètement. Il a pris conscience de ce qui était vrai. La conscience rend plus léger.

La réponse n'était pas cognitive, ni une interprétation ni une analyse. C'était une reconnaissance de ce qui se passait vraiment et qui était vrai pour lui. Il lui a fallu sortir de l'état de victime et être investi de son pouvoir pour savoir ce qu'il savait, sur la base de ce qui créait plus de légèreté dans son monde et dans son corps.

Il a pris conscience de toute la joie qu'il réprimait et qu'il verrouillait dans son corps par de la douleur et de la souffrance. Il s'est rappelé du moment où les migraines ont commencé, c'est-à-dire quand sa famille a obtenu un permis de séjour en Suède après une longue attente. Il a pris conscience qu'il avait essayé de toutes ses forces d'être comme les Suédois et de se fondre dans la masse, en se contrôlant pour ne pas être *too much*, et à quel point il s'était coupé de lui-même et de ce qu'il avait refoulé pour ne pas être l'être joyeux et orgasmique qu'il est vraiment.

Combien d'intensité de toi, d'être et de vivre, caches-tu sous la dépression, la tristesse, la colère, la peur, la douleur ou n'importe quoi d'autre que tu dis ne pas pouvoir changer comme des problèmes d'argent, ou des problèmes relationnels ou avec ton corps ? Et si tu pouvais dévoiler les possibilités enfouies sous tous les mensonges que tu as gobés à ton sujet et si tu utilisais tes capacités pour toi et pour la création de ta réalité ?

Et si c'était bien plus facile et plus rapide que ce que tu peux imaginer ?

Et voilà. *Te* voilà.

CHAPITRE QUATRE

LA FORMULE DE DÉBLAYAGE D'ACCESS CONSCIOUSNESS® – ÊTRE HARRY POTTER

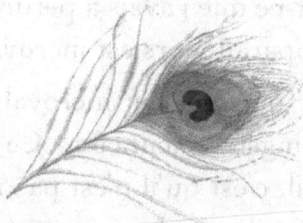

Tu es prêt pour encore plus de bizarreries ? Voici ta baguette magique. Je t'ai dit que le changement peut être facile et rapide. C'est la formule de déblayage d'Access Consciousness® :

« Right and wrong, good and bad, pod and poc, all nine, shorts, boys and beyonds.™ »

La formule de déblayage est conçue pour retourner au point où tu as créé les limitations qui t'empêchent d'avancer. Elle te permet de nettoyer, détruire et décréer les limitations pour que tu aies de nouvelles possibilités. Elle démolit les murs sur lesquels tu te cognes la tête au quotidien, comme si c'était le seul choix que tu avais ; le mur que tu as créé pour t'empêcher d'être toi. Cette formule change le passé pour que tu puisses avoir un futur plus grand.

Quand j'ai entendu la formule de déblayage pour la première fois, mon esprit de psy protestait avec véhémence. J'ai passé six ans à étudier scrupuleusement pour comprendre le comportement humain et là, on me donne cette formule de déblayage en me disant que je peux changer les choses aussi facilement ? J'étais furieuse. Pourtant, je sais que chaque fois que j'utilise la formule de déblayage, cela change quelque chose pour moi. Alors, après avoir protesté un temps, j'ai demandé à mon esprit de se mettre de côté et de l'utiliser. Qu'est-ce que j'avais à perdre ? La tête ? Oui ! Et la liberté qui apparaît alors est incroyable.

Pour en savoir plus sur cet incroyable outil, rends-toi sur www.theclearingstatement.com. Ce qui est vraiment extra avec cet outil, c'est qu'il n'est pas nécessaire de comprendre la phrase ou de savoir ce que signifient les mots. Tu peux simplement l'utiliser et ça marche.

La formule de déblayage touche tout ce qui est au-delà de ce que l'esprit logique est capable de comprendre. Si tout était logique, il n'y aurait pas de problèmes. J'ai découvert que parler d'un problème, essayer de le comprendre et l'analyser ne peut que t'emmener là où la tête sait aller et pas au-delà. Cela ne dissipe pas le problème. La formule de déblayage t'emmène plus loin et nettoie tout ce qui est créé par l'esprit et tout ce qui est au-delà des pensées et sentiments, c'est-à-dire à un niveau énergétique.

Comment utiliser la formule de déblayage

Pose une question sur un domaine de ta vie que tu voudrais changer. Par exemple, pour la dépression, tu pourrais demander : quelle est la valeur d'être déprimé ? Cela pourrait apporter quelques idées sur cette valeur et aussi, faire remonter une énergie : l'énergie de ce que le fait d'être déprimé a comme valeur pour toi. Tu ne serais pas déprimé si tu n'y accordais pas de valeur.

Remarque à quel point ceci n'est pas logique. Si ça l'était, tu aurais déjà trouvé la solution et tu n'aurais pas de problèmes.

Poser des questions te permet d'accéder à ce qui maintient les limitations en place au-delà de ton point de vue logique. La formule de déblayage agit sur ton point de vue logique – et tout ce qui n'est pas logique – pour dissiper un problème.

J'ai travaillé avec une dame qui a pris conscience de la valeur de s'accrocher à sa dépression, qui était pour elle de garder son mari. La dépression était un peu comme la colle de son mariage. Son point de vue était : tant que je suis déprimée, je suis une victime et il doit prendre soin de moi. Une fois guérie, il ne m'aimera plus et il me quittera. Maintenant que je suis déprimée, il ne peut pas me quitter parce qu'il se sentirait coupable. Elle n'était pas consciente de ce point de vue avant d'avoir posé la question. Elle pensait qu'elle voulait dépasser sa dépression et se jugeait pour ne jamais parvenir à s'en débarrasser. Sa dépression avait beaucoup de valeur, et elle en a pris conscience.

C'est un exemple de l'insanité que la plupart des gens utilisent pour créer leur vie. Tous ces points de vue, que les gens ne savent même pas qu'ils ont, dirigent leur vie.

Quels points de vue as-tu qui dirigent ta vie et te maintiennent constamment dans la limitation ? Tout cela, tout ce que cela fait remonter dans ton univers, tout cela, c'est-à-dire les choses pour lesquelles tu as des mots et les choses qui remontent énergétiquement pour lesquelles tu n'as pas de mots, est-ce que tu veux bien les détruire et les décréer ? Il te suffit de dire « oui » si tu veux laisser partir les limitations. Et maintenant, on utilise la formule de déblayage pour dissiper, détruire et décréer les limitations.

Right and wrong, good and bad, pod and poc, all nine, shorts, boys and beyonds.

La formule de déblayage te rappelle la puissance que tu es, et que tu as ce qu'il faut pour changer tout ce que tu désires dans ta vie. Comment ? En le choisissant. En disant oui et en choisissant de les détruire et décréer pour ouvrir la porte d'une possibilité plus grande.

Allons-y ensemble :

Quelle est la valeur de te créer plus petit que tu ne l'es vraiment ?

Tout cela, est-ce que tu veux bien le détruire et le décréer ?

Oui ? Merci.

Right and wrong, good and bad, pod and poc, all nine, shorts, boys and beyonds.

Si tu crées des problèmes et des limitations, dans quelle mesure te crées-tu plus petit que ce que tu ne l'es réalité ? De quelle part de toi dois-tu te couper pour te créer aussi limité que tu prétends être ? Un peu, beaucoup, ou plus que beaucoup ? En disant le déblayage ci-dessus, tu accèdes à tous les endroits où tu fais cela dans ta vie. Tu n'as pas besoin de passer par chacune des petites limitations de ta vie et les nettoyer séparément. La formule de déblayage est comme un aspirateur géant qui aspire tout ce qui est sur ton chemin pour que tu aies un espace propre. L'espace que tu es. L'espace qui te permet de choisir ta réalité.

Une autre façon d'expliquer la formule de déblayage est le château de cartes. Si tu as un problème, tu le construis comme un château de cartes. Tu as commencé à le créer à un certain point et puis tu as continué à le construire couche par couche, en ajoutant sans cesse des couches. Tu pourrais commencer à étudier ton problème en regardant la carte au sommet et descendre jusqu'au fond pour trouver les raisons à tes problèmes. Étudier les raisons d'un problème représente beaucoup de travail et ne te mène nulle part, si ce n'est plus profondément dans le problème. Cela ne le change pas.

J'aime ce qui est rapide et efficace. En tant que psychologue, tu n'es pas censé avoir ce point de vue. Mon travail est censé consister à résoudre les problèmes de mes clients. Le travail n'a jamais été mon meilleur talent ni ma meilleure capacité. J'aime jouer et j'aime changer les choses avec aisance et créer des possibilités différentes. La formule de déblayage correspond mieux à mon style : rapide, facile et sans effets secondaires.

La seule chose nécessaire est le choix. Le choix de lâcher les limitations que tu as créées. Comment est-ce que ça devient encore mieux que ça ? Cela te rappelle le fait que tu es LA personne qui peut les changer, que tu as tout ce qu'il faut pour faire cela et que tu peux les changer maintenant. Encore une fois :

Quelle est la valeur de te créer plus petit que ce que tu es vraiment ?

Tout cela, est-ce que tu veux bien le détruire et le décréer ?

Oui ? Merci.

Right and wrong, good and back, pod and poc, all nine, shorts, boys and beyonds.

Continue à utiliser la formule de déblayage pour ouvrir les portes qui te permettront d'être plus Toi.

La formule de déblayage nettoie ce que tu utilises pour te séparer de ce qui est vraiment possible pour toi. Elle te sort de ton esprit et t'amène à la question. Les questions ouvrent à de nouvelles possibilités. Ton esprit t'apporte des réponses qui te maintiennent prisonnier, comme un hamster qui court indéfiniment dans sa roue. Ce sont toutes tes pensées, sentiments, émotions, calculs, jugements et conclusions sur ce que tu devrais ou ne devrais pas faire, ce qui est bien, ce qui est mal, qui maintiennent les limitations. Tout cela te maintient dans un état constant où tu penses, agis et calcules. Tout cela a une charge électrique qui te maintient dans la polarité.

En étant au-delà de la polarité, tu peux accéder à l'espace de toi où tu peux choisir ce que tu voudrais créer dans ta vie, et qui peut être différent à tout moment. En utilisant la formule de déblayage, tu te facilites toi-même pour accéder à tout cela, car elle dissipe la charge positive et négative dans tous les domaines de ta vie.

Quoi d'autre est possible ? La question, le choix, la possibilité et la contribution qui génèrent le mouvement vers l'avant de ta vie. Quand tu poses les questions qui ouvrent les portes de la grandeur, tu peux aller au-delà de ce que tu peux imaginer et tout l'univers contribue à toi.

J'utilise la formule de déblayage quand je prends conscience d'une limitation que je choisis de lâcher et je l'utilise avec mes clients.

CHAPITRE CINQ

PENSÉES, SENTIMENTS ET ÉMOTIONS POUR ÊTRE NORMAL

L es gens se définissent en fonction de qui ils pensent être, c'est-à-dire qu'ils se définissent eux-mêmes et leur monde en pensant et en sentant. Penser, sentir et s'émouvoir ont beaucoup de valeur dans cette réalité, particulièrement en psychologie. Le point de vue est que pour changer quoi que ce soit, il faut comprendre ce qui se passe (c'est-à-dire penser) et l'on doit sentir et s'émouvoir.

« Understand » en anglais (comprendre) signifie se tenir en dessous ; ce qui est exactement ce que l'on fait quand on essaie de comprendre quelque chose ou quelqu'un. Tu te mets en dessous de la chose ou de la personne pour essayer de comprendre pourquoi cette chose ou cette personne sont comme elles sont. En faisant cela, tu te diminues, tu te coupes de ta conscience et de ce que tu sais pour mettre ce qui se passe dans la petite boîte de la pensée pour comprendre.

La question est : quelle valeur cela a-t-il de comprendre ? Est-ce que cela résout quoi que ce soit ? Est-ce que cela change vraiment quelque chose ? Ou exerces-tu simplement ton cerveau jusqu'à ce que tu penses être arrivé à une conclusion ? Tu sais comment ça se passe quand tu essaies de comprendre, tu réfléchis et tu réfléchis, et tout devient de plus en plus lourd. Cela ne change rien ni n'apporte de clarté sur ce qui se passe. Résultat... frustration. Réfléchir ou penser est une tentative de changer quelque chose, pourtant tout ce que cela fait, c'est de t'enfoncer de plus en plus dans le terrier pour trouver une conclusion qui est censée être quelque peu satisfaisante, et pourtant elle ne l'est pas.

Il y a des millions et des millions de raisons pour lesquelles les choses et les gens sont ce qu'ils sont et agissent comme ils agissent. Tu pourrais passer tout ton temps à réfléchir pour trouver des raisons et des causes, et plus tu en trouves, plus d'autres sont créées.

Les pensées, les sentiments et les émotions sont des inventions et non une réalité, à moins que tu les rendes réelles. Pourtant, les gens souffrent tous les jours à cause de leurs pensées, sentiments et émotions. Ils ont solidifié leurs propres inventions pour les faire exister, et trouvent des histoires pour les expliquer.

Chaque fois que tu te dis que tu es triste, tu as décidé que tu étais triste et puis tu trouves des tas de raisons pour lesquelles tu es triste. Les gens sont très créatifs lorsqu'il s'agit de trouver des raisons. « Ah mes voisins m'ont regardé d'un drôle d'air, je suis sûr qu'ils ne m'aiment pas, et d'ailleurs mon chien m'a aussi regardé bizarrement. Je sais pourquoi personne ne m'aime, je suis nul... »

Penser, sentir et s'émouvoir, le sexe et le pas-de-sexe est ce que tu utilises pour te conformer à cette réalité-ci. Réfléchir, penser, est utilisé pour parvenir à des conclusions, pour comprendre quel est le bon choix. C'est là où tu es constamment en train de juger, constamment en train de décider, conclure et calculer. C'est t'utiliser comme une machine à calculer pour naviguer dans cette réalité, pour faire tout bien, pour ne pas commettre d'erreurs, gagner et t'assurer de ne pas perdre.

Sentir, c'est comment tu détournes tout ce dont tu es conscient, tout ce que tu perçois, pour en faire quelque chose qui te concerne. Tu prends une conscience de quelque chose et tu l'achètes comme étant la tienne, et tu conclus qu'elle est pertinente pour toi et qu'elle est importante.

Les émotions sont ce que tu utilises pour prouver que tu es un vrai être humain. Les émotions sont souvent une preuve que tu te sens concerné, alors que tu pourrais reconnaître que tu te sens déjà concerné et que tu n'as pas besoin de prouver cela.

Le sexe et le pas-de-sexe sont les seules façons dans cette réalité-ci que les gens ont pour s'autoriser à recevoir. Ils disent : « C'est une personne avec qui je pourrais avoir une relation sexuelle », c'est-à-dire que c'est une personne de qui ils peuvent recevoir. « Cette personne est vraiment minable, je ne pourrais jamais avoir de relation sexuelle avec elle », ce qui veut dire qu'ils se coupent de ce qu'ils pourraient recevoir de cette personne et de toute autre personne qui lui ressemble.

Qu'y a-t-il au-delà des pensées, sensations, émotions, du sexe et pas-de-sexe ?

Être, savoir, percevoir et recevoir.

L'espace où tu peux être toi, savoir tout, percevoir et recevoir tout sans t'y accrocher et sans avoir de point de vue.

Bienvenue dans un monde différent. Bienvenue à *toi*.

C'est ici que tu as la liberté totale et que tu n'es plus l'effet de la polarité de ce monde. Penser, sentir, s'émouvoir, le sexe et pas-de-sexe exigent de toi d'être fini et de te contracter pour te conformer à cette réalité et pour rendre réel ce qui est normal, ce qui est bien et ce qui est considéré comme pas bien. Être, savoir et percevoir, c'est là où tu es l'être infini et en expansion que tu es vraiment. *C'est être l'espace où tout est possible.*

Cela paraît tellement utopique, et tu sais quoi ? J'ai découvert que c'est possible et que c'est bien plus facile d'être l'espace que l'on pourrait imaginer. Être, savoir, percevoir et recevoir rend ton fonctionnement dans cette réalité bien plus aisé et te permet aussi d'aller au-delà de cette réalité. La porte s'ouvre pour toi, là, maintenant. Vas-tu passer la porte vers la liberté d'être toi ?

Quand j'invite les gens à cette possibilité différente d'être, de savoir, percevoir et recevoir, ils me disent souvent que ce n'est pas possible, qu'il faut penser et sentir pour pouvoir fonctionner et qu'il est nécessaire de penser et sentir pour s'en sortir dans la vie et faire ce qu'il faut au quotidien, comme travailler.

Quand j'étais en Australie pour une classe intensive de sept jours avec Access Consciousness, cela m'a ouvert les portes qui me permettaient d'être l'espace que je suis vraiment. Il n'y avait pas de pensées, pas de sentiments, pas d'émotions dans la tête, juste de l'aisance et de la joie. À l'aéroport en quittant l'Australie, on m'a remis un formulaire à remplir avec toutes sortes d'informations à mon sujet. Je me suis souvenue de mon nom, ce qui était super, puis ils demandaient d'autres informations, que j'ai pu trouver dans mon passeport, et puis, ils demandaient la date. En général, je ne sais pas quelle date on est, alors j'ai regardé mon iPhone. Puis, ils demandaient l'année et j'ai de nouveau vérifié mon iPhone pour constater que l'année n'était mentionnée nulle part. Alors, je me suis mise à rire en constatant que je ne savais pas en quelle année on était et que ça n'avait aucune importance.

Quand je fais des tests psychologiques, l'une des questions des enquêtes neuropsychologiques consiste à demander au client en quelle année on est pour en savoir un peu plus sur les capacités cognitives du patient.

Et me voilà à l'aéroport, échouant totalement au test, ce qui m'amusait beaucoup. Alors j'ai demandé : « Quoi d'autre est possible ? » Je savais que je pouvais demander à quelqu'un : « Excusez-moi, pouvez-vous me dire en quelle année nous sommes ? » On m'aurait certainement regardée avec pitié. Alors, j'ai à nouveau demandé « Quoi d'autre est possible ? » et puis encore une question : « Univers, s'il te plaît, aide-moi, je passe un moment assez gênant, quelle année sommes-nous ? » Et immédiatement, le nombre 2010 est passé dans ma conscience. Ce qui était étrange, c'est que je ne pouvais pas vérifier dans mon cerveau si ce nombre était correct ou pas, mais je savais sans l'ombre d'un doute que c'était juste. Et ça l'était. C'est à ce moment-là que j'ai saisi la différence entre penser et savoir. Et que je peux tout simplement demander l'information nécessaire.

Savoir est beaucoup plus rapide et plus léger que réfléchir, qui prend du temps. La réflexion, la pensée sont basées sur les jugements, sur la polarité du bien et du mal. Savoir, c'est recevoir l'information sans point de vue.

C'est ainsi que je réserve mes tickets d'avion et mes chambres d'hôtel et toutes les autres choses de cette réalité. Je demande « Dans quel hôtel serait-il fun et aisé de séjourner ? Quel hôtel va me rendre la vie plus facile ? » Et alors, je sais sans avoir besoin de comprendre ou comparer les hôtels.

Il y a quelque temps, j'avais réservé un hôtel au Costa Rica et quand je suis arrivée, des locaux m'ont demandé comment j'avais fait pour choisir cet hôtel. Je me suis demandé pourquoi ils me posaient la question. Ils m'ont dit que c'était le meilleur hôtel de toute la plage et que presque personne ne semblait être au courant. Le prix est super et il a une plage absolument magnifique. Ils m'ont demandé comment c'était possible que j'aie trouvé cet hôtel. Facile : en demandant et en faisant confiance à mon savoir.

J'aurais pu aller sur Internet, regarder des hôtels et les comparer, et passer beaucoup de temps à trouver quelque chose qui me paraissait bien. En fait, j'ai posé une question et j'ai suivi mon savoir. Savoir, c'est ressentir ce qui est léger et qui expanse ton univers. Réfléchir prend du temps et est plus chargé, et si tu réfléchis beaucoup, tu as mal à la tête.

Être, savoir, percevoir et recevoir est possible pour nous tous si nous lâchons la nécessité de penser, de sentir et de s'émouvoir.

La façon pragmatique d'aborder cela, c'est de poser des questions : est-ce que penser, sentir et s'émouvoir, c'est *réel* ? Est-ce que cela t'emmène bien là où tu veux aller ? Est-ce que cela te donne la liberté que tu désires ? En d'autres termes, est-ce que ça fonctionne vraiment pour toi ? Et existe-t-il une alternative que tu pourrais choisir, où penser, sentir et s'émouvoir ne serait pas un choix ni une nécessité pour vivre dans cette réalité ?

Quand je regarde des films comme *Avatar*, je pleure. J'aime bien les sentiments et émotions qui montent, et la conscience et le savoir joyeux d'une possibilité plus grande. Tout est inclus. Rien n'est jugé. Les sentiments sont un choix et je les aime. Je n'ai pas le point de vue que les sentiments sont une nécessité. Ils sont une invention. La plupart des gens les achètent simplement comme réels et ne se posent pas beaucoup de questions à leur sujet. Ils supposent juste que ce sentiment, et particulièrement se sentir mal, fait partie du contrat quand on est sur cette planète et que c'est naturel.

Et si ce n'était pas le cas ? T'es-tu déjà demandé quoi d'autre est possible ? As-tu toujours su confusément qu'être toi et être sur cette planète pouvait être plus aisé et plus joyeux ? Oui, c'est possible. Comment ? Facile : tu le choisis. Autorise-toi à être la différence que tu es vraiment, la controverse, la déviance par rapport à la norme. Qu'as-tu à perdre ? Ta capacité, c'est de changer le monde. Ton monde.

Comment accéder à l'être, au savoir, au percevoir et au recevoir

Voici des outils pour toi :

À qui est-ce que ça appartient ?

Ce qui est léger est vrai, ce qui est lourd est un mensonge.

La majorité de tes pensées, sentiments et émotions ne t'appartiennent pas. Est-ce que c'est léger pour toi ?

Demande à ton corps. Est-ce que tu t'es détendu un peu
plus ? La majorité de ce que tu penses et sens ne t'appartient pas. La plupart des problèmes que tu tentes de
résoudre au quotidien ne t'appartiennent pas. Tu es simplement conscient des points de vue, pensées, sentiments
et émotions qui sont dans le monde à tout moment. Quand
tu rencontres quelqu'un qui est triste, tu sais qu'il est triste
sans devoir lui demander. Tu perçois sa tristesse. Ce que
la plupart des gens font lorsqu'ils perçoivent de la tristesse,
c'est de conclure que cette tristesse leur appartient et ils
disent : « Je suis si triste ». Juste le fait que tu es conscient
et que tu perçois la tristesse, ne veut pas dire qu'elle est à
toi.

Alors, qu'est-ce qui devient possible avec cette information ? Quand il y a une lourdeur dans ta vie, quelle qu'elle
soit, une sensation, une émotion ou une pensée, arrête-toi
et demande : « À qui est-ce que ça appartient ? » Quand la
lourdeur, la pensée ou la sensation s'en va, tu vois que cela
ne t'appartenait pas, tu les percevais simplement. Si cela
ne part pas, tu peux te demander : « Vérité, est-ce que j'ai
acheté ça comme étant à moi ? » Si tu captes un « oui », tu
sauras que tu t'y accroches. Tu as maintenant le choix de
continuer à t'y accrocher ou de lâcher. Comment ? Juste
en lâchant.

Quelle valeur est-ce que ça a d'acheter les pensées, sensations et émotions comme étant les tiennes ? Beaucoup
de gens concluent que juste parce qu'ils en sont conscients,
ils doivent en faire quelque chose. Souvent, il n'y a rien à
faire. Reçois simplement la conscience et autorise-toi à en
profiter, quoi que ce soit. Demande : « Est-ce que je peux
changer ça ? »

John Lennon avait raison. Si tu ne peux pas changer quelque chose, « laisse-le être » (Let it be).

Beaucoup de gens essaient de prendre soin des autres en prenant sur eux leurs pensées, sensations, douleurs et souffrances. Ils prennent tout cela dans leur corps pour essayer de guérir l'autre personne. Parfois, cela fonctionne pendant un temps. L'autre personne peut se sentir mieux, mais si elle n'a pas envie de lâcher son problème, elle créera bientôt un nouveau problème. Et alors, vous serez deux à souffrir.

J'ai eu un plusieurs clients dont l'enfant prenait soin de la souffrance de ses parents et les parents n'étaient pas disposés à lâcher leur douleur. Alors, l'enfant ressentait la douleur des parents et se sentait nul parce qu'il ne parvenait pas à guérir ses parents. J'ai aussi eu des familles où l'enfant prenait sur lui la souffrance des parents et les parents la souffrance de leur enfant et toute la famille se sentait mal, sans savoir pourquoi. Quand nous sommes parvenus à leur conscience de cela, ils ont changé ce qui se passait et toute la famille a changé.

Comment sais-tu que ça t'appartient ou pas ?

Ce qui te rend léger est vrai, ce qui est lourd est un mensonge. Voilà une magnifique clé pour accéder à la liberté que tu as toujours sue possible et à laquelle tu n'as jamais su accéder. Nous avons appris, et c'est comme cela que fonctionne cette réalité, que si c'est lourd et solide, c'est que ça doit être vrai. « C'est sûrement vrai », c'est une conclusion. Ce qui est lourd et solide et dense, comme la souffrance et la douleur, « doit être » réel. Est-ce vraiment le cas ? Qu'est-ce que tu sais ?

Ce qui est léger et qui détend ton corps, qui fait chanter ton cœur et expanse ta vie est ce qui est vraiment vrai pour toi. Tout le reste n'est qu'inventions, mensonges, et les choses que les autres rendent réelles.

Comment voudrais-tu que soit ta vie ? Saisis l'énergie de cela. Est-ce lourd et dense ou léger et aisé ? Plus que probablement, ce sera léger si tu veux la joie et l'aisance. Pour créer cette vie, choisis simplement ce qui correspond à cette énergie. Choisis ce qui est léger. Si deux personnes veulent sortir avec toi, ou si tu choisis ce que tu vas manger, ou une profession, choisis ce qui est le plus proche de l'énergie de la vie que tu voudrais. Tu peux utiliser cela pour n'importe quel choix : des films, des amis, la nourriture, des situations de vie, etc. En choisissant ce qui correspond à l'énergie de ta réalité, chacun de tes choix est une contribution à ce que tu es en train de créer. C'est là où tu commences à créer ta vie, au lieu de simplement survivre dans cette réalité.

Être conscient, c'est recevoir tout et ne rien juger. Recevoir tout, c'est ne pas avoir de barrières par rapport à l'information qui t'entoure. C'est quand tu laisses passer l'information à travers toi, et quand tu es la question de ce qui est possible avec ce dont tu es conscient. Chaque prise de conscience peut être le point de départ d'une possibilité plus grande.

La plupart des gens pensent que s'ils étaient absolument conscients de tout, ce serait trop ; qu'ils seraient inondés et qu'ils devraient se protéger de trop d'information. Laisse-moi te demander : est-ce que c'est vrai, ou bien est-ce que te protéger en mettant des barrières consommerait beaucoup d'énergie ? Et y a-t-il quoi que ce soit dont tu devrais te protéger ?

Les gens disent qu'il y a de la bonne et de la mauvaise énergie. Non, il y a juste de l'énergie. C'est quand tu juges ce dont tu es conscient et que tu juges l'énergie comme mauvaise que tu décides que cela va te blesser. Et, devine quoi ? C'est ton point de vue qui crée ta réalité ; la réalité ne crée pas ton point de vue.

Au lieu d'être totalement conscients, la plupart des gens préfèrent rester dans leur mental et leur cerveau pour ne pas avoir à savoir qu'ils savent. Ils se torturent et se distraient par leurs films mentaux qu'ils ne peuvent pas accéder et recevoir ce dont leurs corps sont conscients.

J'ai eu un client récemment, un jeune homme qui adore se torturer par sa masturbation mentale. Il tente de donner du sens au monde qui n'a pas de sens du tout pour lui, et n'en a jamais eu. Il essaie de comprendre pourquoi les gens font ce qu'ils font et disent ce qu'ils font, et il traque leurs réactions à son égard. Il a le syndrome d'Asperger, mais tu n'as pas besoin d'avoir le syndrome d'Asperger pour que ceci s'applique à toi aussi.

Il n'a jamais appris à gérer tout ce qu'il sait et tout ce dont il est conscient, alors sa façon de gérer cela, c'est d'aller dans son cerveau et de créer son propre monde. Cela fonctionne pour lui. Mais cela demande beaucoup d'énergie pour faire tenir cette machine et pour s'assurer que son lieu privé reste en place.

Il s'est coupé de la conscience de son corps. Les corps sont des organes sensoriels qui captent l'information du monde en permanence. En restant dans son cerveau, il a créé une séparation où il ne peut pas jouir de son corps. Il dit qu'il est constamment en position neutre, il n'a pas de joie. Quand tu n'as pas de connexion avec ton corps, tu t'empêches de recevoir de tout et de tout le monde autour de toi, y compris toi-même. C'est comme essayer de remplir une tasse d'un breuvage délicieux, qui te rafraîchirait et te vitaliserait, mais tu as verrouillé la porte du frigo. Chacune de tes molécules est là pour contribuer à toi et à ton corps. En coupant cette connexion pour être en sécurité et ne pas être dérangé quand tu es tout seul dans ton cerveau, t'empêcher d'accéder à tous les plaisirs, toutes les possibilités et les énergies créatives qui sont à ta disposition.

Recevoir tout ce dont tu es conscient crée un terrain de jeux totalement différent pour toi.

Et si ta conscience n'était pas une faute répréhensible ? Et si elle n'était ni bonne ni mauvaise, juste une information que tu pourrais utiliser comme tu veux ? Cela voudrait dire plus de liberté pour toi.

Forrest Gump en est un bel exemple. Rien ne peut abattre cet homme. Il peut être au milieu d'une guerre et recevoir tout sans point de vue. Il reçoit tout et l'utilise pour créer cette réalité. Quoi qu'il fasse, il le fait par bonté et gentillesse. Il n'y a pas de jugement dans son monde. Pas de besoin de prouver quoi que ce soit. Et rien n'a d'importance pour lui. Les choses changent et il les laisse changer sans s'attacher à quoi que ce soit. Pas de forme, pas de structure et pas d'importance. Être comme il est le fait avancer plus que n'importe qui d'autre. Voilà un homme très intelligent !

Et si la conscience était la nouvelle intelligence ?

La vie, c'est comme une boîte de chocolats... On ne sait pas ce qu'on va avoir, mais on peut choisir de l'avoir.

CHAPITRE SIX

LES JUGEMENTS – L'IMPASSE

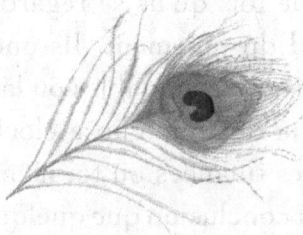

Les jugements sont ce que les gens utilisent pour créer leur vie. C'est la façon dont les gens décident si ce qu'ils envisagent et choisissent est bien ou pas bien, bon ou mauvais, et s'ils l'aiment ou pas. La plupart des gens ne voient le monde qu'à travers le filtre de leurs jugements.

Il y a quelque temps, j'étais à l'opéra à Vienne et la musique coulait à travers mon corps, revitalisant chaque cellule. Le ténor élargissait le monde des spectateurs par sa voix. À l'entracte, j'étais juste heureuse et reconnaissante à la musique et aux chanteurs. Pendant l'entracte, alors que je commandais un verre de vin, j'ai entendu une conversation ; la femme disait : « Bon, il chantait bien aujourd'hui, mais il n'a pas pris toutes les notes qu'il aurait dû. » Son ami acquiesçait et ils ont continué à juger. Waouh. Vraiment ? En présence de cette beauté, ces personnes ont choisi de juger et de se couper de la possibilité de recevoir la contribution de la voix de ce ténor et de la musique pour leur vie et leur corps. Quel manque de gentillesse envers elles-mêmes.

Chaque fois que tu juges, tu te coupes de recevoir ce qui est à ta disposition. Tout ce qui ne correspond pas à ton jugement ne peut entrer dans ton monde.

Les gens avec qui je travaille sont constamment en train de se juger. Chaque fois qu'ils se regardent, c'est toujours à travers le regard du jugement. Ils ont décidé et conclu qu'ils étaient en tort, nuls, minables ou laids. C'est en ayant le point de vue que quelque chose cloche avec ton corps, ou ta relation ou tes finances ou toi-même que tu crées les problèmes. C'est ta conclusion que quelque chose cloche qui ne laisse pas d'espace à autre chose d'être créé ou à entrer dans ton monde.

Le tort prend toutes sortes d'aspects et de formes, géné-ralement justifié par un « Dans mon passé, il s'est passé ça et ça et mon enfance a été comme-ci et comme ça », c'est l'histoire que les gens utilisent pour expliquer, rationaliser et justifier pourquoi ils ont les problèmes qu'ils ont, pour-quoi ils ne peuvent pas les changer et pourquoi leur vie est si difficile.

Je n'écoute jamais les histoires, ni ne les raconte ou les gobe. Lorsque les clients disent : « Mon problème, c'est ça et ça parce que… », ils commencent l'histoire. Tout ce qui vient après le « parce que » justifie la raison pour laquelle ils ont un problème, pourquoi ils ont raison d'avoir un problème, et pourquoi ils ne peuvent pas changer ce qu'ils disent vouloir changer. L'histoire les maintient dans le cercle vicieux de leur problème. Écouter et gober les his-toires des gens, c'est leur dire qu'ils ont raison et qu'ils sont effectivement des victimes de leur propre histoire.

Quoi d'autre est possible ?

Poser des questions donne le pouvoir aux gens de ne pas gober leurs histoires et de ne pas se voir comme une victime. Les questions les invitent à la conscience qu'ils ont ce qu'il faut pour changer ce qu'ils désirent changer.

Quand mes clients réalisent que les raisons et justifications à leurs problèmes ne sont que des histoires qu'ils ont créées, ils se détendent parce qu'ils savent alors qu'ils peuvent ouvrir la porte sur une toute nouvelle réalité qu'ils peuvent choisir.

Chaque histoire n'est qu'un point de vue intéressant. Tu peux l'envisager de telle ou telle façon, et en fonction de ton humeur et de la personne à qui tu parles, ton histoire change. Ton passé est ce que tu juges qu'il est. Il n'y a rien d'immuable à ton passé. Ce sont tes jugements sur l'histoire qui déterminent comment tu calcules ce qui est probable pour toi dans le futur. En créant le futur sur la base de ton passé, tu n'as pas beaucoup de choix. Tu choisis à partir du menu de ton passé.

Et si tu faisais de ton passé un point de vue intéressant plutôt qu'un point de vue fixe ? Et si tu rendais ton passé insignifiant en lui permettant d'être ce que tu as choisi d'être et de faire avant là, maintenant ? Et si tu t'autorisais à choisir d'être qui tu es, là, maintenant ? Combien de choix supplémentaires seraient alors possibles ? Ton menu ne vient-il pas de s'allonger considérablement ?

Beaucoup de gens n'ont pas été reconnus pour leur brillance lorsqu'ils étaient enfants. Ils ont surtout été jugés comme « pas assez ». Et si tu te traitais de la façon dont tu aurais voulu être traité au lieu de souffrir d'avoir été traité comme tu l'as été ? Cela ne changerait-il pas le futur ?

Les histoires sont parfois amusantes quand elles expansent ton monde et t'inspirent, mais pas si tu les utilises pour justifier tes limitations.

Je travaillais avec une femme qui avait été abusée sexuellement quand elle était adolescente. Nous parlions de cet abus et elle disait qu'elle n'avait plus envie d'être limitée par son passé. Elle avait utilisé l'abus pour justifier le fait qu'elle ne pouvait plus prendre plaisir à vivre et qu'elle détestait son corps. Quand elle a pris conscience de cela, elle a pu lâcher la justification de ses limitations et cela lui a ouvert une porte qui lui permettait de recevoir ma facilitation pour changer ce que l'abus avait créé dans son monde et dans son corps. En abordant ce qui avait été créé par l'abus, l'énergie de ce qui était bloqué dans son corps pouvait se libérer.

Une semaine plus tard, durant sa séance suivante, elle affichait un grand sourire et disait que tant de choses avaient changé pour elle. Elle apprécie désormais son corps et c'est comme si l'abus n'avait jamais eu lieu. Ce n'est plus pertinent. Elle a changé son passé. C'est aujourd'hui une autre personne et elle sait qu'elle peut choisir tout ce qu'elle désire.

Que choisis-tu ?

Es-tu prêt à arrêter de te juger ?

À quel point essaies-tu de prouver que tu es assez bien et que tu n'es pas en tort, en te prouvant à toi-même et aux autres à quel point tu es intelligent ? Pour prouver que tu es intelligent, il faut un jugement constant sur toi-même. Tu es en train de te surveiller en permanence pour voir si tu es assez intelligent ou pas. Tout ce que tu arriveras à faire ainsi, c'est t'échauffer la tête.

Un autre jugement que les gens utilisent, c'est de prouver sans cesse à quel point ils sont idiots pour ne pas savoir à quel point ils sont vraiment intelligents.

Tout le monde a sa façon de se juger pour se couper des capacités qu'ils ont vraiment à leur disposition. Pour être la grandeur que tu es vraiment, il te faut être dans le total laisser-être de toi-même. Le laisser-être total, c'est quand tu reçois tout et ne juges rien. C'est quand tu n'as plus rien à cacher à personne, y compris toi-même en utilisant le point de vue qu'une part de toi est trop laide pour être montrée. Toute laideur devient un point de vue intéressant. Elle n'est plus réelle. Elle est juste un point de vue intéressant.

Jouons un peu avec cet outil. Prends quelque chose que tu considères comme un tort, comme minable et moche à ton sujet. Et maintenant, dis à ce point de vue : « C'est un point de vue intéressant que j'ai ce point de vue intéressant. » Maintenant, regarde encore une fois ton point de vue comme il est maintenant et dis encore : « Point de vue intéressant que j'ai ce point de vue intéressant » et perçois ce qu'est devenu ton point de vue maintenant... Et recommence : « Point de vue intéressant que j'ai ce point de vue intéressant. » Maintenant, regarde à nouveau ton point de vue. Est-il en train de changer ?

Pour les points de vue et les jugements que tu as de toi-même depuis longtemps, il te faudra le faire peut-être 20 fois ou plus. Fais cela jusqu'à ce que cela devienne plus léger ou que tu commences à te détendre. Certaines personnes se mettent à rire quand elles font cela, car elles réalisent à quel point avoir les points de vue qu'elles ont est drôle et à quel point cela les détend de laisser partir ces points de vue.

Tu peux utiliser cet outil pour tout ce qui est « lourd ». Tu peux les utiliser pour tes points de vue et pour les points de vue des autres. Par exemple, si quelqu'un dit que tu as fait quelque chose de mal ou de pas assez bien, dis dans ta tête : « Point de vue intéressant qu'il/elle a ce point de vue intéressant », jusqu'à ce que, ce que la personne a dit, ne soit plus qu'un point de vue et non une réalité.

J'ai eu un client dont la femme l'accusait de toutes sortes de choses. Quoi qu'il fasse, ce n'était jamais bien. Il se sentait très mal et avait le point de vue que tous les problèmes qu'ils avaient dans leur mariage étaient de sa faute. Il a tout essayé pour que les choses soient bien pour sa femme. Je lui ai montré l'outil « Point de vue intéressant » et il l'a utilisé chaque fois que sa femme le jugeait. Il baissait toutes ses barrières et dans sa tête disait : « Point de vue intéressant qu'elle a ce point de vue intéressant » (pas de manière sarcastique) jusqu'à ce qu'il ne rende plus son point de vue réel. Il pouvait alors recevoir ce qu'elle avait à dire, ce qui a considérablement raccourci ses sermons, car elle se sentait reçue et il n'avait plus besoin de prouver la justesse de son point de vue.

Quand tous les points de vue du monde ne sont plus rien d'autre qu'un point de vue intéressant, l'importance des jugements disparaît. Ils n'ont plus de sens. Ils sont juste ce que les gens utilisent pour se rendre réels et pour se conformer à cette réalité. En t'autorisant à être différent sans essayer de te changer pour te conformer aux jugements des gens, tu ouvres la porte du choix. Tu peux recevoir tout et tout le monde comme un point de vue intéressant et comme une information que tu peux utiliser pour créer ta vie. C'est à ce moment-là que vivre devient pragmatique plutôt que compliqué.

Le choix, c'est quand tu peux changer de direction n'importe quand. Si tu viens de t'énerver sur quelqu'un, tu peux faire un nouveau choix. As-tu envie de continuer à être énervé ou aimerais-tu partir te promener dans le parc à la place ? Et si aucun choix ne devait durer plus de dix secondes ? Tu es énervé pendant dix secondes, les dix secondes sont passées, et tu peux choisir autre chose.

Par exemple, disons que tu viens de hurler sur tes enfants et que tu te sens terriblement mal de l'avoir fait. Au lieu de te sentir mal, tu pourrais recevoir le choix que tu viens de faire sans jugement et dire à tes enfants : « Je suis désolé, je viens juste d'être un parent lamentable. Pardonnez-moi. » Et avance. Ces dix secondes où tu as choisi de hurler sont passées. Tu n'as pas fait de mal à tes enfants en hurlant. Tu leur as juste montré qu'il t'arrive de faire des choix qui ne sont pas très expansifs et qu'il n'est pas nécessaire de juger ces choix, et qu'il y a toujours moyen d'avancer et de choisir à nouveau. Ne pas te sentir mal à ton sujet est le plus grand cadeau que tu puisses être pour tes enfants en les inspirant à ne pas se juger eux-mêmes à l'avenir pour les choix qu'ils font.

La vraie création ne provient pas du jugement de ce qui est bien ou mal, mais en posant des questions et en choisissant sans cesse. Le choix crée la conscience.

Beaucoup de gens identifient à tort le jugement pour de la conscience. La différence entre la conscience et le jugement, c'est l'énergie. Un jugement a une charge ; soit positive soit négative. La conscience n'a pas de charge, elle est légère. La conscience te rend léger. Les jugements sont lourds.

Par exemple, si tu penses que quelqu'un agit méchamment, demande-toi si c'est un jugement ou une conscience.

Même reconnaître la méchanceté de quelqu'un est léger quand c'est une conscience. Ce que cela apporte de fabuleux, c'est que tu peux utiliser ta conscience comme une source d'information qui te permet de savoir que cette personne n'est peut-être pas quelqu'un avec qui tu aurais envie de dîner. La conscience inclut tout et ne juge rien. Même pas la méchanceté.

Un jour, alors que je m'apprêtais pour aller travailler, j'ai eu ce savoir qui me disait de rester chez moi et je ne savais pas pourquoi. Le lendemain, j'ai entendu qu'un homme armé était entré au bureau et avait menacé le personnel. A posteriori, la conscience de ne pas aller travailler ce jour-là était légère et n'avait aucune charge, même s'il s'agissait d'une menace. Faire confiance à mon savoir et ne pas me juger négativement parce que je n'allais pas aller au travail ce jour-là a sans aucun doute rendu ma vie plus facile.

Les inventions de l'esprit

Chacune de tes contrariétés est quelque chose que tu nourris d'énergie et que tu rends réel. Tu utilises ton énergie, ton temps et ta créativité pour rendre tes contrariétés réelles et pour trouver des preuves qui les rendent plus fortes que ta capacité à les changer. Passe ta journée en revue pour voir combien de contrariétés tu as eues sur un seul jour, avec ta famille, tes enfants, tes collègues, toi-même, ton corps, ton argent, tes affaires... Chaque fois que quelque chose n'est pas aisé, ce qui est ton état naturel, tu crées une contrariété et tu la rends réelle.

Quel grand et glorieux inventeur tu es à inventer tes contrariétés chaque jour à tout moment, juste pour être normal et réel comme les autres. Et si tu pouvais utiliser ta capacité à inventer et ta créativité à ton avantage, pour créer quelque chose qui fonctionne vraiment pour toi ?

Combien de tes contrariétés sont-elles des inventions qui sont en fait des consciences que tu n'as pas reconnues et que tu as perverties pour en faire les jugements qui créent les problèmes de ta vie ? Si tu n'as pas compris un traître mot de ce que tu viens de lire, c'est tout à fait approprié. Contente-toi de rire et d'acquiescer. C'est ce que nous faisons en pays étranger quand nous ne comprenons pas et que nous voulons rester polis.

Ne pas comprendre est exactement là où nous aimerions arriver. C'est à ce moment-là que tu ne crées plus à partir des limitations de ton esprit et que tu t'ouvres à ton savoir. Ce qui peut parfois soudain te donner l'impression de ne plus rien comprendre. Amuse-toi de ton acquiescement. Lire ou entendre des phrases comme celles-ci et ne pas les comprendre est peut-être justement une indication que cela te concerne. Quand cela te concerne, ton cerveau ne capte plus parce que cela dépasse sa capacité à comprendre. C'est le point où tu peux dépasser tes limitations. Ne te tracasse pas, soit heureux et reconnaissant et poursuis simplement ta lecture.

Par exemple, quand tu es conscient que quelqu'un est en train de te voler, tu as juste reçu une information que tu peux utiliser à ton avantage. Demande-toi ce que tu voudrais choisir qui rendrait ta vie plus facile : voudrais-tu parler à cette personne, ou juste laisser les choses comme elles sont, ou qu'est-ce que tu pourrais choisir d'autre qui expanse ta vie ? Recevoir cette conscience te permet de savoir que tu as le choix.

Si tu as la conscience que quelqu'un est en train de te voler, mais que tu te juges en te disant : « Je me trompe sûrement, quelle horrible pensée, cette personne ne me volerait jamais… », tu es en train de pervertir cette conscience en une pensée et un jugement et tu crées une invention qui crée une contrariété dans ta vie.

Mettons la formule de déblayage en pratique pour changer cela !

Dans quelle mesure pervertis-tu ta conscience en pensées, sentiments et émotions ?

Tout ce que cela fait remonter en posant cette question, veux-tu bien détruire et décréer ?

Right and wrong, good and bad, pod and poc, all nine, shorts, boys and beyonds

Je recommande vivement d'utiliser ce déblayage de nombreuses fois pour accéder à ta conscience et déverrouiller tout ce que tu as rendu réel qui ne l'était pas. Utiliser ce déblayage, c'est répéter la phrase tout haut ou dans ta tête. Si tu utilises ce déblayage pour toi même, remplace simplement le « tu » par « je ».

L'étape suivante consiste à défendre ton invention. Une fois que tu as inventé quelque chose, tu dois le défendre. Par exemple, si tu as inventé le point de vue que personne ne t'aime, tu vas défendre ce point de vue en cherchant des preuves que personne ne t'aime. Tu vas projeter sur les autres le fait qu'ils ne t'aiment pas, tu vas étudier leur visage pour y trouver les signes qu'ils ne t'aiment pas, tu vas semer dans leur tête le fait qu'ils ne t'aiment pas, ce qu'ils vont te prouver en t'évitant ou en étant méchants avec toi.

Vois-tu comment cela fonctionne ? C'est insensé. Et tout n'est qu'invention.

Comment peux-tu changer cela ?

En étant conscient de cela. En devenant de plus en plus conscient que la contrariété dans ta vie n'est qu'une invention ; choisir de la lâcher suffit pour la changer.

Pour rendre les choses encore plus faciles, tu peux utiliser ce processus en boucle :

Quelle invention est-ce que j'utilise pour créer la contrariété que je choisis ?

Tout cela, veux-tu bien détruire et décréer ?

Right and wrong, good and bad, pod and poc, all nine, shorts, boys and beyonds

CHAPITRE SEPT

DES SYMPTÔMES AUX DIAGNOSTICS ET OÙ EN ES-TU ?

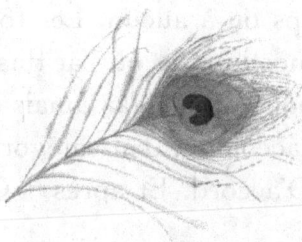

Classer des symptômes en catégories appelées diagnostics est l'une des principales manières de créer
de l'ordre dans le domaine de la santé mentale. Les
gens sont si complexes dans leur façon de penser et de se
comporter que cela crée du chaos et le besoin de créer de
l'ordre. Il y a tant de règles qui dictent les comportements
et ce qui est bien ou mal, que beaucoup de gens se sentent
perdus et font désespérément tout ce qu'ils peuvent pour
faire ce qu'il faut pour être accepté et se fondre dans la
masse.

Le système de diagnostic est un système de points de
référence pour juger ce qui est normal et bien, et ce qui est
anormal. C'est une création qui change chaque année et
qui est censée donner du sens à quelque chose qui, en fait,

n'en a pas. La plupart des gens se sentent « en tort » et puis trouvent dans leur diagnostic les preuves de leur tort et de leur maladie. D'autres l'utilisent pour rationaliser et justifier le fait qu'ils sont incapables de créer leur vie. Changer cela et lâcher ses points de référence et définitions de soi requiert un grand courage.

Établir un diagnostic ne m'a jamais vraiment aidée dans mon travail. Je reconnais que chaque patient est différent. Une personne peut correspondre à de nombreux diagnostics en même temps ou à aucun. Les fois où j'ai consulté mon manuel diagnostique et où j'ai finalement trouvé un diagnostic correspondant, je n'ai jamais été sûre de ce que j'avais réellement accompli. J'ai catégorisé les symptômes d'une personne. D'accord. Et après ? Que faire de cette information ?

Alors que j'écris ce texte, j'éprouve de la difficulté à écrire sur un seul sujet à la fois. Il y a tellement de choses que je voudrais dire, tant de choses que j'ai découvertes et qui sont tellement différentes de la psychologie actuelle, que j'aimerais tout écrire en même temps. Je suis sûre qu'il y a un diagnostic pour cela aussi. En fait, je suis TDAH, DCA, autiste et TOC, tout cela à la fois et je suis psychologue, et pour couronner le tout, j'ai l'air tout à fait normale (quoi que cela veuille dire).

Remarquez que j'ai dit « je suis TDAH, etc. » Il y a une différence entre avoir un diagnostic et *être*. Avoir un diagnostic, c'est avoir des symptômes qui peuvent être résumés dans une catégorie donnée. Ces symptômes sont répertoriés dans des livres qu'on peut trouver dans les rayons des bibliothèques de tous les psychiatres. Ce sont de pures inventions. Être TDAH, c'est avoir des capacités que ces prétendus diagnostics cachent. Oui, c'est exact, j'ai dit

« capacités ». Plus loin dans ce livre, j'explorerai avec vous ce que sont ces capacités.

J'ai assisté à de nombreuses conférences et lu beaucoup de livres qui traitent du TDAH, du TDA, de l'autisme et d'autres diagnostics mentaux qu'on appelle troubles ou déficits. Est-ce que ces gens ont vraiment des « handicaps » ? Ou sont-ils simplement différents ? En y regardant de plus près, on peut percevoir et recevoir les possibilités.

Que sais-tu que tu ne t'es pas autorisé à savoir ? Si tu vas au-delà de ce qui est bien et réel dans cette réalité et de ce que tu as été entraîné à croire, que sais-tu qui est vraiment possible pour toi et pour le monde ?

Les gens qui ont été diagnostiqués utilisent souvent ces étiquettes pour décrire qui ils sont. Ils se créent conformément aux symptômes résumés par « leur » diagnostic et valident par là même les réalités des autres concernant qui ils sont censés être. Ils créent l'image de qui ils sont sur la base des limitations du diagnostic. J'ai vu cela tellement souvent chez des patients en santé mentale. Avec l'étiquette « dépression », ils devenaient encore plus dépressifs puisqu'ils avaient une raison et justification pour être dépressifs.

Même les théories fonctionnent comme les diagnostics. Ce sont des structures et des réponses qui te disent ce qui est bien et ce qui est mal et quel chemin tu dois prendre. Tu prends ta vie et tu la conformes à la théorie pour l'expliquer et la comprendre. Tu l'utilises comme point de référence pour trouver la solution. Mais le piège se trouve dans la solution. Tu utilises une réponse pour expliquer la vie qui te prive de ton pouvoir.

Une réponse te prive de ton pouvoir.

Une question t'investit de ton pouvoir.

Comment une théorie ou un diagnostic pourraient-ils en savoir plus à ton sujet que toi-même ?

Je t'invite à savoir ce que tu sais plutôt que de considérer les points de vue des autres comme plus valables que ton savoir. Et si tu pouvais être qui tu es plutôt que d'essayer de rentrer dans la boîte appelée diagnostic dans cette réalité ?

CHAPITRE HUIT

L'ESPACE APPELÉ TOI – C'EST BIZARRE, C'EST DINGUE, MAIS ÇA FONCTIONNE

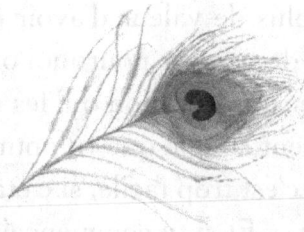

À quel point rends-tu ta vie plus difficile qu'elle ne l'est ? À combien de tes prétendus problèmes t'accroches-tu parce que c'est que l'on fait dans cette réalité ? Tu dois avoir un problème pour être réel. Tout le monde en a un, alors pourquoi pas toi ? Qui serais-tu si tu n'avais pas de problèmes ? As-tu décidé que tu serais trop différent, trop bizarre, si tu ne créais pas le handicap qui te rend aussi limité que les autres ? La vie, c'est comme le golf. Tout est une question de handicaps. Vraiment ? Est-ce *vraiment* ta réalité ?

Que rends-tu réel qui ne l'est pas ?

Rappelle-toi : ce qui te rend léger est vrai, ce qui te rend lourd est un mensonge. C'est un outil que tu peux utiliser pour tout. Quand tu veux savoir si quelque chose est une invention et n'est pas réel, perçois-en l'énergie. Si c'est léger, c'est une conscience que tu as. Si c'est lourd, c'est un mensonge ; la perception ou le point de vue de quelqu'un d'autre.

Alors, maintenant, passe ta vie en revue et perçois tous les endroits où tu as créé de la lourdeur et demande : est-ce que c'est réel ou est-ce que tout cela est un mensonge que tu as avalé ? Remarque que ton univers s'allège. En général, on n'utilise pas cette information dans cette réalité-ci parce que cela a plus de valeur d'avoir des problèmes, de les rendre réels et de trouver pourquoi on a des problèmes plutôt que de poser une question qui les change immédiatement. C'est tellement simple que tu pourrais te dire : « Ce n'est pas possible, c'est trop facile, si c'était possible, on me l'aurait dit plus tôt. » Et si tu commençais à faire confiance à ce que tu sais plutôt que ce qu'on t'a transmis jusqu'à présent ?

Demande-toi : « Qu'est-ce que je sais ici ? »

Quand quelque chose est juste pour toi, tu le sais sans l'ombre d'un doute. Tu n'as pas besoin d'utiliser ton cerveau pour comprendre quoi que ce soit ou essayer de trouver des preuves. Tu sais. Est-ce que point de vue que les choses ne peuvent pas être faciles te rend plus léger ou plus lourd ? Plus léger, c'est quand tu te sens plus détendu, comme prendre sa respiration. C'est à ce moment-là que tu sais que c'est vrai pour toi, pas d'un point de vue cognitif, mais d'un savoir qui est plus grand que ce que tu peux penser dans la tête.

Qu'y a-t-il d'autre dans ta tête qui te rend lourd ? Quelle proportion de ce qui se passe dans ta tête chaque jour te rend lourd ? Combien des pensées dans ta tête sont sur pilote automatique, sans cesse en marche sans que tu puisses les arrêter, et qui te rendent fou ? Voudrais-tu changer cela ? Voudrais-tu découvrir qui tu es vraiment au-delà de tout ce bourdonnement dans la tête ?

Et voilà l'information que tu aurais dû recevoir il y a très longtemps : 99 % de toutes tes pensées, sentiments et émotions *ne t'appartiennent pas*. Elles ne sont pas à toi. Ce sont toutes des informations que tu captes des autres et de la Terre. Je t'avais dit que ce serait bizarre. Changer et être plus toi nécessite que tu lâches tout ce qui n'a pas fonctionné jusqu'à présent pour ouvrir les portes sur quelque chose de différent qui est peut-être bizarre et un monde totalement différent, mais qui te donne effectivement la liberté de toi. Essayer d'arrêter tes pensées dans ta tête ne fonctionne pas : il n'y a pas de bouton « off ». Essayer de te détendre avec ces pensées dans la tête ne fonctionne pas non plus.

Combien de techniques as-tu essayées qui n'ont pas fonctionné ? Pourquoi ne fonctionnent-elles pas ? La plupart des techniques s'accordent et s'alignent avec l'idée que ces pensées sont réelles et qu'elles t'appartiennent. Tout ce avec quoi tu t'accordes et t'alignes, tu le rends réel et ça te colle à la peau. Tu rends réel tout ce avec quoi tu t'accordes et t'alignes et ce à quoi tu résistes et réagis, et tu en deviens l'effet. Et c'est pareil avec toutes tes pensées et sentiments.

Prends l'océan. Peu importe qu'il pleuve, qu'il neige ou que le soleil brille, l'océan est toujours, et il « est », quelle que soit la tempête qui arrive. Pareil pour les arbres. Ils sont la paix, quelles que soient les circonstances du temps. Ils ne confondent pas le temps, la tempête, la pluie, la neige, le soleil avec qui ils sont.

Les gens confondent toujours leurs sentiments (leurs conditions météo) avec qui ils sont. Ils disent : je suis triste, je suis fâché. C'est comme si l'arbre disait, « Je suis la neige, je suis la pluie ». Et si tu pouvais être conscient de l'espace que tu es, de la paix que tu es, et chaque fois que tu es conscient d'un sentiment ou d'une pensée, demande : « À qui est-ce que ça appartient ? » Je répète : 99 % de tes pensées et sentiments sont des informations que tu captes d'autres personnes et de la Terre. Oui. Tu es une machine à conscience de grande ampleur. Si tu reconnaissais cela, cela rendrait ta vie bien plus facile. Tu éliminerais 99 % de ce qui se passe dans ta tête.

Mais ne le fais pas. Tu serais aussi paisible que les arbres et que l'océan. Tu serais tellement différent des autres, que les autres te demanderaient ce qui ne va pas parce que tu ne t'énerverais plus comme avant. Être en paix est un « tort » dans cette réalité. Être joyeux est aussi un « tort » dans cette réalité.

J'avais une patiente qui était bipolaire et elle a fait plusieurs séances avec moi. Après ces séances, elle a revu le médecin. Il était confus ; il lui a dit qu'elle ne correspondait plus aux critères de la bipolarité et que c'était impossible. Tu n'es pas censé te débarrasser de ce diagnostic si facilement. Elle lui a dit comment elle était heureuse et comment sa vie était joyeuse et il lui a demandé : « Prenez-vous des médicaments ? ». C'est intéressant comme sont les choses ici.

Alors, que voudrais-tu choisir ? Gober les pensées et sentiments des autres à tout va, ou demander « À qui est-ce que ça appartient ? » En posant cette question chaque fois que tu te « sens » lourd, tu allèges ton monde et te permet de percevoir l'espace que tu es, sans avoir besoin d'analyser ce qui se passe, puisque ce n'est pas à toi. Il faut un peu d'entraînement. Fais donc cela pendant trois jours pour chaque pensée et sentiment que tu as. Au bout de ces trois jours, tu seras une méditation parlante sur pattes. Tu vas commencer à le faire, puis tu vas oublier, puis tu vas t'en rappeler. Ne t'inquiète pas. Fais-le chaque fois que tu y penses. Tu seras surpris par le nombre de choses que tu pensais être tes problèmes et qui n'ont rien à voir avec toi.

Un patient TDAH est venu me voir parce qu'il souffrait d'anxiété et de phobie sociale. Il me dit qu'il lui était difficile d'être avec d'autres gens parce que cela le rendait anxieux. Alors, je lui ai demandé combien des pensées, sentiments et émotions de ces gens il captait en pensant que c'était à lui. Il m'a regardé avec des yeux brillants et m'a dit : « C'est totalement ça, c'est tellement vrai, même si ce n'est pas logique. C'est ce que j'ai fait toute ma vie. Me sentir mal sans arrêt. Quoi que j'aie essayé, je ne parvenais pas à le changer. C'est une information incroyable. Je me sens moi quand nous parlons de cela. »

« Oui, parce que tu es cet espace, c'est ton état d'être naturel, tout le reste n'est qu'inventions dont tu es conscient. Ce sont des mensonges et des choses qui ne t'appartiennent pas et que tu ne peux pas changer », ai-je répondu.

« C'est comme si toute ma vie changeait là maintenant, en parlant de ça. Je pensais que j'étais malade et malade mentalement, et en fait, non ! »

Tu es aussi hautement conscient de ce qui se passe avec la Terre. Tu as peut-être remarqué les changements dans le monde en rapport avec la Terre. Les changements climatiques et météorologiques. Demande-toi : « À quel point mon corps et moi sommes-nous conscients de ce qui se passe avec la Terre ? » À quel point est-ce que cela a allégé ton univers ? Toi et ton corps et la Terre, vous êtes connectés. Quand le temps change, combien de fois ton corps a-t-il été conscient que le temps était sur le point de changer ? Qu'il s'agisse de la météo psychologique ou de la météo dans la nature, toi et ton corps êtes conscients de ce qui se passe.

Toi et ton corps êtes aussi conscients de ce que la Terre requiert de toi. Quand tu as une douleur dans ton corps, demande si c'est la Terre qui te demande quelque chose.

Je travaillais avec une femme qui disait qu'elle avec un problème avec la colère, dont elle voulait se débarrasser. L'une des choses qui sont ressorties durant les sessions, c'était la conscience qu'elle avait accumulé des quantités massives d'énergie dans son corps qu'elle avait identifié et appliqué à tort comme de la colère qu'elle devait refouler. Quand nous avons posé la question : « Qu'est-ce que la Terre requiert de toi ? » tout est instantanément devenu plus léger. Je lui ai demandé de lever les mains et de rassembler toute l'énergie dont la Terre avait besoin de sa part et de son corps et d'envoyer cette énergie à la Terre d'une secousse de la main. Elle a répété ce geste une vingtaine de fois et s'est sentie totalement en paix ensuite. Elle a réalisé qu'elle était l'espace et la paix. Sa colère était simplement la Terre qui lui demandait une contribution et qu'elle avait refusé d'écouter.

Quand tu es dans une pièce où des gens se sont disputés et que tu es entré dans la pièce sans savoir que des gens s'y sont disputés, tu sais que quelque chose s'est passé, tu sais que quelque chose vient de se passer là. Pourquoi ? Parce que tu es conscient de l'énergie qui t'entoure en permanence !

Le but, quand tu demandes : « À qui est-ce que ça appartient ? », est de ne plus avoir besoin de gober ce qui n'est pas à toi. Tu n'as plus besoin de porter le fardeau qui n'a jamais été le tien et tu peux être libre, et commencer à créer ta vie comme tu le souhaites vraiment.

C'est un outil que j'enseigne à mes clients tout le temps et ceux qui choisissent de l'utiliser racontent à quel point ils sont étonnés du nombre de problèmes qui ne sont en fait pas les leurs et du nombre de problèmes des autres qu'ils essayaient de résoudre en les verrouillant dans leur tête et leur corps.

À quel point essaies-tu de guérir les autres en reprenant leurs pensées, leurs sentiments, leur douleur et leur souffrance ? Est-ce que ça fonctionne pour toi ? Ou est-ce que cela finit toujours par toi qui te sens mal et l'autre personne qui crée une nouvelle douleur ou souffrance ?

Quelle création de douleur et de souffrance utilises-tu pour valider les réalités des autres et invalider ta réalité, que tu choisis ?

Tout cela, veux-tu bien détruire et décréer ?

Right and wrong, good and bad, pod and poc, all nine, shorts, boys and beyonds.

Chaque fois que tu choisis la douleur et la souffrance, tu valides cette réalité et tu invalides ta réalité ! Le moment n'est-il pas venu maintenant de commencer à te choisir toi ?

CHAPITRE NEUF

DISTRACTIONS – COLÈRE ET CULPABILITÉ

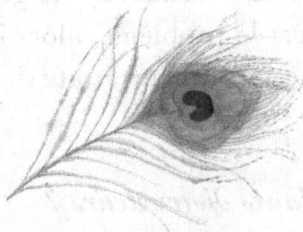

La colère et la culpabilité sont des implants distracteurs. Ils te maintiennent piégé et de disent que tu n'as pas le choix. Ce sont des choses que les gens ne remettent jamais en question. Ils supposent que c'est comme ça que la vie fonctionne et que les choses sont censées être. La plupart des gens s'accordent et s'alignent avec le fait que la colère est réelle, et que la culpabilité est réelle, et ils passent beaucoup de temps à les gérer. Ils ne se demandent jamais si la colère et la culpabilité sont réelles.

Essayer de dompter ou surmonter la colère et la culpabilité à force de dur labeur ne fonctionne pas, puisqu'elles ne sont pas réelles. Tu ne peux pas changer ce qui n'est pas réel et qui est un mensonge. Les implants sont toutes les choses avec lesquelles tu t'es accordé et aligné, auxquelles tu résistes et réagis et qui contribuent à ton énergie pour les rendre réelles. Par exemple, si toi et moi nous nous promenons et que je dis : « Regarde ce type, regarde son visage, il est en colère. » (Alors que cet homme est juste sur le point d'éternuer.) En t'alignant sur mon point de vue en disant : « Oui, tu as raison, il est très en colère », je viens juste d'implanter un point de vue chez toi. Nous avons inventé quelque chose qui n'est pas réel.

Les implants distracteurs semblent être le problème, mais ce n'est pas le cas. Beaucoup de gens ont le point de vue que la colère est le problème, alors ils essaient de s'en dépêtrer eux-mêmes, et les autres aussi, en parlant. Est-ce que ça fonctionne ?

Pourquoi des implants distracteurs ?

Ces implants nous distraient de ce qui se passe vraiment. Ils distraient de la conscience, de l'être, du savoir, du percevoir et du recevoir qui sont possibles. Essayer de résoudre un problème que tu as décidé que tu as, par exemple la culpabilité, ne se fait pas en la domptant ou en la gérant. Combien de fois est-ce que cela a fonctionné pour toi ? Et à quel point la culpabilité subsiste-t-elle ou resurgit-elle tout le temps ? C'est comme chercher une clé en Suède, alors que tu l'as perdue en Allemagne. Tu ne la trouveras jamais en Suède, même si tu passes des années à la chercher.

Les implants distracteurs sont les mensonges de cette réalité. Tu ne peux jamais changer un mensonge. Ce sera toujours un mensonge. C'est quand les gens te disent : « Voilà mon problème, » et ils le trimbalent avec eux toute leur vie parce qu'ils ont décidé que c'était leur problème. Ils s'accordent et s'alignent avec ce fait et y résistent et réagissent en même temps, et s'enfoncent de plus en plus dans leur problème. Rien d'autre, rien de différent, rien de plus grand ne peut entrer dans leur conscience.

Une de mes patientes était venue me voir parce qu'elle était convaincue que la colère était son problème et qu'elle aurait à travailler dur pour s'en débarrasser. Beaucoup de gens lui avaient dit qu'elle était très colérique, qu'elle avait effectivement un problème et qu'elle devait consulter. Et là voilà qui me regarde avec ressentiment, et qui tente de me convaincre de toutes ses forces qu'elle est une personne terriblement colérique. Elle a utilisé son corps et sa voix d'une façon qui aurait dû induire de la peur chez moi.

Avec la conscience que la colère n'était pas son problème, je l'ai reçue une première fois, toutes barrières abaissées, sans m'accorder ni m'aligner avec le fait que sa colère était le problème, et sans résister ni réagir à sa manière colérique de m'approcher. Elle était surprise. Elle n'avait jamais rencontré personne qui l'ait abordée sans point de vue et qui était dans le total laisser-être de sa personne, même si elle avait décidé qu'elle était une personne épouvantable. Son étonnement à être reçue ainsi lui a fait remettre en question ce qui se passait et a ouvert une porte où j'ai pu lui montrer une possibilité différente.

Nous avons commencé le voyage en lui permettant d'abord d'être dans le laisser-être de sa colère, en lâchant ses jugements et sa résistance à sa colère. Cela a changé son point de vue et lui a permis d'arrêter de se donner tort. S'est alors ouvert un espace où elle a pu accéder à elle-même d'une façon totalement différente. Sous la colère qu'elle avait rendue vraie toute sa vie se cachait une puissance incroyable : une femme forte, créative qui avait été mise en tort toute sa vie parce qu'elle était différente et indépendante. Une fois qu'elle a identifié le mensonge appelé colère, elle a pu recevoir tout ce dont elle était réellement capable et le cadeau qu'elle était. Ce qui est remonté fut complètement étonnant. Cette femme s'est révélée être très différente de tout ce qu'elle aurait pu imaginer. Elle a complètement changé sa vie, sa carrière, son mode de vie et d'être.

Partout où nous résistons, réagissons, nous accordons et nous alignons, où nous avons un point de vue ou un jugement de ce qui est bien ou mal, nous limitons notre conscience de ce qui se passe en réalité et nous limitons nos capacités à changer ce que nous voudrions changer. Tout percevoir comme un point de vue intéressant te donne la liberté de toi. En fait, tout peut être bien ou mal en fonction de qui juge : la culture, l'âge, les expériences passées, etc. Si tu considères tout comme un point de vue intéressant, la détente peut faire son apparition et les choses qui étaient jugées comme précieuses et réelles peuvent perdre leur valeur et leur importance.

C'est l'espace du laisser-être, où tout n'est qu'un point de vue intéressant, où tout est inclus et rien n'est jugé. À partir de cet espace, ma cliente a pu accéder à la possibilité de se recevoir elle-même et de commencer ce voyage de la conscience vers qui elle était vraiment, et ce dont elle était capable. Le processus de changement de sa réalité et de création d'une vie différente a commencé. Au fil des séances, elle était de plus en plus disposée à laisser aller les mensonges de la colère et des limitations, elle s'est ouverte aux possibilités et à être reconnaissante de qui elle était. La gratitude est un état d'être détendu. C'est être dans le laisser-être de ce qui est et ce qui a été, et la conscience joyeuse de ce qui est possible.

Alors, au lieu d'avoir pour cible de gérer la colère, la haine, la rage, la culpabilité et la honte, dans ta vie ou en thérapie, il est plus efficace d'être dans le laisser-être de ce qui est, et de découvrir de quoi ces implants nous distraient.

Comment s'y prendre ? L'invitation ultime pour les autres d'être plus eux-mêmes, c'est être nous-mêmes plus nous-mêmes. Sois toi, et change le monde.

Les implants distracteurs sont conçus pour contrôler, imposer un point de vue et limiter la possibilité de choisir. La colère et la culpabilité sont des moyens parfaits pour contrôler les autres et être contrôlé par les autres. Quand quelqu'un accuse une autre personne de quelque chose sans poser de questions, en général, les deux personnes fonctionnent à partir de leur pilote automatique : elles se sentent mal et elles n'ont pas d'issue.

Quand quelque chose de ce genre se présente dans ta vie, sache que ce que tu as en face de toi est un mensonge, une distraction de ce qui est réellement possible, de la puissance et du pouvoir, et d'être qui tu es vraiment. Laisser partir tous ces implants distracteurs te permet d'avoir l'aisance et le choix infini. Sans colère et sans culpabilité ni honte, comment les autres pourraient-ils te contrôler ?

Si nous étions tous ce que nous sommes vraiment, cette réalité ne devrait-elle pas forcément changer ?

Demande-toi :

Quel pouvoir et quelle puissance ne suis-je pas disposé à être et recevoir, que je cache derrière la colère ?

Qu'est-ce que je ne suis pas disposé à être que je cache sous la culpabilité et la honte ?

Est-ce qu'en posant ces questions, tu te sens plus léger ? Est-ce que quelque part dans ton univers, il y a une ouverture au savoir d'une possibilité plus grande ?

J'ai travaillé avec une belle jeune femme qui souffrait de rougir chaque fois que quelqu'un lui adressait la parole. Elle me disait que quand les hommes la désiraient, elle était tellement gênée que son visage rougissait quand ils lui parlaient. Elle essayait d'éviter leur regard, mais chaque fois que les autres la regardaient, elle s'en allait, honteuse. Elle finissait triste et se sentait nulle. Cela la troublait beaucoup.

Alors, je lui ai demandé : qu'est-ce que tu n'es pas disposée à être et recevoir ? Elle m'a regardée avec surprise et a dit : « Le désir. Et le fait que les hommes qui me regardent veulent aller au lit avec moi. »

« Donc, tu n'es pas disposée à recevoir l'énergie qu'ils t'envoient ? », ai-je demandé.

« Non », dit-elle.

« Donc, tu ériges une barrière pour ne pas recevoir cette énergie ? »

« Oui », dit-elle.

« Alors, qu'est-ce que c'est ça ? Qu'est-ce que tu n'es pas disposée à être ? »

« Et bien, je ne veux pas être une allumeuse », m'a-t-elle répondu.

« C'est le fait de ne pas être disposée à être une allumeuse qui te fait mettre des barrières pour ne pas recevoir cette énergie. Tu te défends de tout ce que tu n'es pas prête à être et tu te coupes d'être et recevoir de cette énergie et des gens qui ont cette énergie. As-tu décidé qu'être une allumeuse était un tort ? »

Elle dit : « Oh oui ! »

« Alors, laisse-moi te poser une question : « Vérité, est-ce que t'autoriser à être une allumeuse serait fun pour toi ? » Elle a commencé à rire et son corps s'est détendu. C'était un « oui » très clair. « Ne pas être disposée à être ce que tu as décidé qui était mal est ce qui te limite de ce que tu pourrais être et recevoir. Ce n'est pas l'idée de coucher effectivement avec tout le monde, c'est le fait de t'autoriser à recevoir, d'être la « sexualness » que tu es vraiment, et t'amuser et apprécier le fait que les autres te désirent. Et combien d'argent en plus pourrais-tu créer si tu t'autorisais à recevoir tout et tous ceux qui te désirent ? »

Je lui ai demandé de capter l'énergie d'être une allumeuse et de recevoir le désir que les hommes lui envoyaient, d'abaisser toutes ses barrières et de recevoir tout, dans toute son intensité et dans chaque cellule de son corps. Elle a été surprise et heureuse de ce qui s'est présenté : la conscience de la quantité d'énergie qu'elle utilisait pour s'assurer de ne pas recevoir ce qu'elle avait décidé qu'elle ne voulait pas recevoir, de ce qu'elle avait décidé être mauvais. L'intensité de ce qu'elle pouvait être et recevoir, et le bonheur et la joie qui s'ouvraient dans son monde étaient incroyables. Elle s'est épanouie et a commencé à apprécier le regard des autres, à avoir une connexion totalement différente à son corps et elle n'avait plus de point de vue, qu'elle rougisse ou non.

Ces implants distracteurs te distraient de ce qui se passe vraiment. Une fois que tu les as repérés, tu peux les identifier comme des implants distracteurs et te demander si tu veux continuer à gober le mensonge que tu as un problème, ou poser une question pour changer ce qui se passe. Les implants distracteurs sont les réponses qui te mènent dans une impasse. Les réponses te privent de ton pouvoir, les questions t'investissent de ton pouvoir et ouvrent la porte à des possibilités différentes.

La prochaine fois que tu ressens quelque chose de lourd, demande si un implant distracteur joue les régisseurs de ta vie à ce moment-là. Dis simplement dans ta tête, « Tous les implants distracteurs qui jouent les régisseurs maintenant et tout ce qui est en dessous, je détruis et je décrée. » Et après utilise la formule de déblayage. *Right and wrong, good and bad, pod and poc, all nine, shorts, boys and beyonds.*

Tu t'es accordé et aligné, tu as résisté et réagi à eux. Si tu peux faire ça, tu as aussi le pouvoir de défaire cela. Demande-toi :

Qu'est-ce qui est effectivement possible au-delà des implants distracteurs ?

De quoi te distrais-tu toi-même d'être et de recevoir avec les implants distracteurs ?

À quel point caches-tu ta puissance, l'être infini que tu es, la joie et l'aisance, sous ces implants, pour te convaincre que tu es aussi normal et réel que tu as décidé que tu étais supposé être ?

Qu'est-ce qui est possible pour toi d'être et de recevoir que tu n'as pas reconnu ?

CHAPITRE DIX

LA DÉFENSE – TOI DANS TON CHÂTEAU

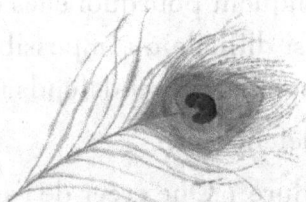

Une bonne part de cette réalité consiste à défendre des points de vue ainsi que la justesse ou le tort de ce que l'on pense et sent. Dans la plupart des conversations, chacun défend ses positions et ses points de vue. Tu te bats pour avoir raison, peu importe ce que tu as décidé qui était vrai et réel. Il n'y a pas de liberté dans la défense. Cela te maintient dans un état constant de jugement et de lutte. Cela t'occupe et te maintient dans la paranoïa, en attendant l'attaque.

Quelles positions défends-tu ?

La position d'être une femme, un homme, une mère, une fille, une bonne personne, une mauvaise personne, une personne pauvre, une personne riche.

Qu'as-tu décidé que tu étais, que tu continues à défendre comme si cela allait finalement te donner toi à toi ?

Tout cela, veux-tu bien détruire et décréer ? Merci.

Right and wrong, good and bad, pod and poc, all nine, shorts, boys and beyonds

Au fil des ans, j'ai rencontré tant de personnes qui m'ont parlé de leurs problèmes en disant qu'elles voulaient s'en débarrasser, pourtant elles continuent à les défendre inlassablement, en avançant toutes sortes de raisons et justifications qui expliquent pourquoi elles ont des problèmes et pourquoi c'est si difficile ou impossible de les dépasser. Chaque fois que tu fais cela, tu défends tes problèmes.

Quoi d'autre défends-tu ?

Que la vie est dure ? Que créer de l'argent avec aisance n'est pas possible ? Que ton corps fait mal en vieillissant ? Voilà autant de positions de défense.

En psychologie, on apprend que la défense est saine et nécessaire. Il y a des théories sur toutes sortes de systèmes de défense et sur le fait qu'ils peuvent être nocifs, mais qu'ils peuvent aussi être des signes d'adaptation. Question : est-ce que tu veux t'adapter à cette réalité ou est-ce que tu veux être toi, même si cela ne correspond pas à ce qui est considéré comme normal dans cette réalité ? Alors… adaptation ou liberté d'être toi ?

La liberté d'être toi ne veut pas dire qu'on va t'envoyer à l'asile. Sinon, j'y serais déjà depuis longtemps. Au lieu de cela, je travaille à l'asile et je change cette réalité en étant moi, au-delà de l'adaptation à cette réalité. Comment ? Quand tu es toi au-delà de la défense de qui tu es, tu invites le changement plutôt que la lutte. Quand je travaille avec mes clients, j'invite tout le monde aux possibilités qui sont au-delà de cette réalité, sans forcer à changer. Il s'agit d'être le catalyseur d'un futur différent.

Tout ce que tu défends devient une limitation que tu ne peux pas dépasser. Si tu as décidé que tu dois aller travailler tous les jours et que tu n'as pas assez d'argent, tu vas défendre ce point de vue tous les jours, pour te convaincre que tu as raison dans ton point de vue. « Tu vois, encore des factures ; tu vois, encore rien gagné au loto ; tu vois, toujours pas de prime cette année… », ou n'importe quel autre point de vue qui correspond à ta situation.

Passe ta vie en revue. Où défends-tu tes limitations, ce qui te place dans un univers de non-choix ?

Tout cela, veux-tu bien détruire et décréer ? Merci.

Right and wrong, good and bad, pod and poc, all nine, shorts, boys and beyonds.

Tout ce que tu défends élimine le choix et la possibilité. Tout ce que tu défends, tu ne peux pas le changer. Si tu défends des problèmes liés à ton corps, à l'argent, à la dépression ou quoi que ce soit que tu définis comme ton problème, tu l'as déjà créé si solidement comme une invention, que tu défends ce problème, qui, pour couronner le tout, te maintient à un endroit où tu ne pourras jamais le changer. Sortir de la défense permet une possibilité différente. Alors, continue à utiliser ce processus.

Tu n'as pas besoin de passer toute ta vie en revue et d'analyser tous les endroits où tu défends un point de vue. Tu peux juste poser cette question :

Quelle position de défense est-ce que je choisis, que je pourrais vraiment refuser, et que si je la refusais, cela me donnerait la liberté d'être moi ?

Cela va faire remonter tous les endroits et zones où tu es sur la défensive, tout ce dont tu es conscient, et tout ce dont tu n'es pas conscient, tout ce que tu peux mettre en mots et toutes les limitations que tu ne peux pas mettre en mots. Pose simplement la question et permets à l'énergie de monter, c'est-à-dire, toutes les positions de défense que tu choisis dans toute ta vie. Et puis, dis simplement :

Maintenant, je détruis et je décrée tout cela.

Right and wrong, good and bad, pod and poc, all nine, shorts, boys and beyonds.

Fais cela un maximum de fois pendant quinze jours pour nettoyer un maximum de couches. Pendant ce temps, tu prendras conscience, plus que jamais, de tous les endroits où tu choisis une position de défense. Tu remarqueras dans toutes sortes de situations où et quand tu choisis la défensive. Une fois que tu en es conscient, tu peux changer cela. Et ne te juge pas, juste parce que tu remarques tous les endroits où tu choisis la défense.

Combien de fois défends-tu ton problème pour être considéré comme normal, parce qu'être sans problème est considéré comme anormal et impossible ? Es-tu conscient que dans ce monde, les gens présupposent tout simplement qu'il est normal d'avoir des problèmes et que si tu n'en as pas, tu en crées pour pouvoir faire partie de l'équipe « normale ». Je vois cela tout le temps avec mes clients. Ils vont de mieux en mieux, ils prennent plaisir à vivre, tout commence à se présenter comme ils l'ont toujours voulu et au moment où ils sont sur le point d'exploser en une version plus grande d'eux-mêmes, ils créent l'un ou l'autre problème pour défendre la position qu'on est supposé avoir des problèmes. Ainsi, ils peuvent rester connectés à cette réalité normale. As-tu besoin d'être connecté à cette réalité ? Ou peux-tu juste en être conscient, l'inclure, et créer ta réalité ?

Essaies-tu d'être normal en râlant et en ayant des problèmes ? Être normal, c'est quand tu n'es pas heureux et joyeux tout le temps. Si tu étais heureux et joyeux tout le temps, les gens te demanderaient si tu es fou. Être normal, c'est se conformer à l'écart-type, deux points d'écart dans le plus et deux points d'écart dans le moins. Voilà le modèle statistique de la normalité, qu'on appelle la courbe en cloche.

Le point zéro est le point où se trouve la majorité des gens. Deux points d'écart-type vers la droite indiquent que tu es au-dessus de la moyenne. Deux points d'écart-type vers la gauche indiquent que tu es en dessous de la moyenne. Si tu trouves ta place quelque part sur cette plage, que tu sois heureux au-dessus ou en dessous de la moyenne, tu es encore normal. Beaucoup de gens aiment jouer à ce jeu. S'ils ont une période de leur vie où ils sont heureux au-dessus de la moyenne, ils remarquent qu'ils sont en train de s'éloigner de l'axe, ce qui n'est plus normal pour eux. Alors, ils créent un problème pour se retrouver sur la plage, sous la moyenne. Ils créent un problème pour compenser le succès qu'ils viennent de connaître. On ne peut pas avoir trop de succès... Prépare-toi au retour de manivelle... C'est cela que nous avons appris.

Et si c'était OK d'être hors norme ? Si tu pouvais être totalement déviant dans toutes les zones de ta vie ?

Te défends-tu du fait que la vie est trop facile pour toi ? Si tu souris maintenant, ceci est clairement vrai pour toi. C'est ton corps qui te le signale. Les corps sont tellement conscients. Tu ne lirais probablement pas ce livre si tu n'avais pas envie de demander plus d'aisance.

Les gens créent des problèmes en défendant le passé et créent ainsi leur futur. Chaque fois que tu dis quelque chose comme : « La dernière fois que j'ai été dans cette situation, ça ne s'est pas bien passé », ou « Dans ma relation précédente, j'ai été trompé, alors j'ai du mal à faire confiance aux gens », tu défends le passé pour créer ton futur. Tu ne peux rien créer de différent ou de plus grand que le passé que tu tentes de surmonter.

À quel point essaies-tu de prouver que tu es gentil et que tu ne ferais pas de mal à une mouche ? Combien de ton temps et de ton énergie dépenses-tu pour sourire et censurer ce que tu dis et fais pour prouver que tu es un être humain bon ? C'est te défendre contre le fait d'être méchant et vicieux. Es-tu réellement méchant et vicieux ou as-tu d'une façon ou d'une autre décidé à un moment donné que si les gens découvraient à quel point tu es bizarre en réalité, ils s'enfuiraient à toutes jambes en hurlant et que tu te retrouverais seul ? Le moment n'est-il pas venu pour toi maintenant de lâcher ce point de vue tordu ? Veux-tu bien détruire et décréer tout cela ? Merci.

Right and wrong, good and bad, pod and poc, all nine, shorts, boys and beyonds.

J'ai rencontré beaucoup de gens qui défendent leur insanité, parce qu'ils l'ont choisie. Quand tu les questionnes sur leur enfance, ils te racontent toutes les causes probables qui expliquent pourquoi ils sont comme ils sont aujourd'hui. Est-ce pertinent ? Toutes les raisons et les prétendues causes sont les raisons et justifications qui défendent le point de vue que les gens n'ont pas le pouvoir de choisir quelque chose de différent. Les gens qui choisissent l'insanité et les problèmes le font parce que cela fonctionne pour eux d'une certaine façon. Cela crée un endroit où ils savent qui ils sont ; cela a une valeur qui fonctionne pour eux. Il n'y a rien de mal avec ça. C'est juste un choix.

J'ai eu une patiente qui m'a dit après deux séances à quel point elle était plus heureuse maintenant et qu'elle était consciente de toutes sortes de possibilités pour son futur et que tout cela l'inspirait à travailler et à faire ce qu'elle avait toujours voulu faire. Sa vie a commencé à s'expanser très rapidement. Juste au moment où elle était sur le point d'instituer sa nouvelle réalité, elle a choisi d'être déprimée et elle a commencé à avoir de la colère à mon égard. Nous en avons parlé et elle a pu voir qu'elle avait inventé la dépression et la colère pour me prouver et se prouver à elle-même qu'elle n'y arriverait pas. Elle vit alors clairement qu'elle défendait la dépression et la maladie mentale. Avec cette conscience-là, elle ne pouvait plus nier le fait qu'elle avait le choix.

En psychiatrie, je rencontre beaucoup de patients qui choisissent d'être fous. En général, ils viennent pour une séance et ils ne reviennent jamais. Pourquoi ? Parce qu'ils savent que j'ouvre la porte à un lieu où ils savent qu'ils auront le choix, et où ils ne pourront plus nier que leur folie et leurs problèmes sont leur création, et ils préfèrent continuer à être fous. De nouveau, c'est juste un choix.

Et si tu pouvais cesser de défendre tes points de vue et tes jugements ? Combien de liberté en plus aurais-tu ? Préfères-tu avoir raison ou être libre ?

Préfères-tu avoir raison et être crédible dans cette réalité ou avoir la liberté d'être toi, même si tu perdais la conformité ? Qu'est-ce que tu serais capable de créer que tu désires vraiment ? Que choisis-tu ?

CHAPITRE ONZE

TES « TROUBLES » SONT EN FAIT DES SUPER POUVOIRS

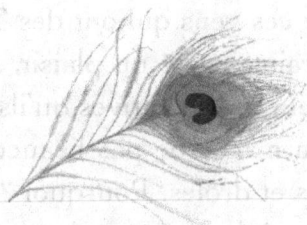

Au fil des ans, à force de rencontrer de nombreuses personnes avec des TOC (troubles obsessionnels compulsifs) et le TDAH (trouble déficitaire de l'attention avec hyperactivité), des autistes, des psychotiques ou des bipolaires, j'ai vite réalisé que le vieux paradigme posant que ces diagnostics sont des handicaps ne fonctionne pas. En fait, chercher ce qui clochait chez les gens que je rencontrais m'aveuglait. Cela n'avait pas de sens pour moi. Je rencontrais ces gens qui étaient remarquablement brillants et ma formation me dictait de chercher ce qui ne fonctionnait pas. Je me demandais comment il était possible de considérer ces gens comme handicapés. Leur créativité ridiculiserait n'importe quel test d'intelligence.

En tant que psychologue, je pratique de nombreux tests neuropsychologiques pour obtenir plus d'informations et trouver le diagnostic des gens. Ce sont tests standardisés décrivant la normalité, c'est-à-dire le fonctionnement de la majorité des gens, et ils décrivent ce qui ne correspond pas à la norme. Ces tests sont constitués d'un tas de questions auxquelles les gens sont censés répondre ; et s'ils répondent conformément à ce qui est considéré comme juste, ils obtiennent des points, sinon, non.

Travailler avec ces gens qui ont des TOC, de l'autisme ou le TDAH a vraiment été un plaisir, en découvrant les réponses merveilleuses et créatives qu'ils apportaient à ces tests. Pourtant, on n'accorde pas beaucoup de points aux réponses brillantes et drôles. Pourquoi ? Parce qu'elles ne sont pas conformes à la norme qui est considérée comme les « bonnes réponses ». Mais je les félicite pour leur créativité et leur humour.

Ces personnes sont tellement différentes que dans cette réalité, leur différence ne peut être expliquée qu'en les considérant comme handicapés. Ils ne collent pas aux standards de ce qui est « bien », c'est-à-dire qu'ils sont déviants par rapport à la normale. Leur différence n'a pas de sens pour les gens « normaux ». Ce n'est pas assez logique. Alors, la conclusion est : il doit y avoir quelque chose qui cloche.

Les personnes qui ont reçu ces diagnostics apprennent rapidement que quelque chose cloche chez elles et qu'elles devraient faire de leur mieux pour se conformer. Aujourd'hui, elles reçoivent très couramment des médicaments pour supprimer ce qu'on appelle leurs symptômes, pour les faire rentrer dans le moule de cette réalité. Chaque fois que j'ai rencontré quelqu'un qui était sous médicaments pour ses symptômes, il était plus malheureux qu'avant. Ces personnes n'avaient plus le sens d'elles-mêmes. Elles disaient qu'elles se sentaient comme dans une bulle dont elles ne pouvaient pas sortir.

Le fait d'être reconnu pour leur grandeur et de réaliser que ce qui est catalogué comme leurs symptômes sont en fait des possibilités, a permis à la plupart de mes patients d'arrêter les médicaments et d'apprendre à utiliser leur différence à leur avantage.

Par exemple, ce jeune homme qui était diagnostiqué TDAH et TOC parce qu'il avait toutes sortes de rituels qu'il devait suivre dans un certain ordre tous les jours, toute la journée pour pouvoir rester calme. Il lui fallait des plombes pour faire la moindre chose, parce qu'il devait d'abord accomplir ses rituels. Il en était terriblement troublé et sa famille désespérée. Ils ne savaient pas quoi faire.

Quand je l'ai rencontré, il m'a raconté tout ce qu'il pensait qui clochait chez lui. Il disait qu'il ne serait pas capable de faire quoi que ce soit de sa vie. Il ne sortait pratiquement pas de chez lui à cause de ses rituels, comme se laver les mains dix fois et parcourir la maison dans un certain ordre et s'habiller dans un certain ordre. S'il faisait quelque chose un tant soit peu différemment ou s'il était interrompu, il devait tout recommencer jusqu'à la perfection.

Pour couronner le tout, il était hyperactif. Il avait reçu des médicaments, mais il s'est très vite rendu compte qu'il n'en avait pas besoin. Il m'a dit qu'il se sentait tellement puissant et qu'il avait compris à quel point il était formidable et qu'il avait tellement plus de pouvoir que ces petites pilules. Il s'est avéré être la personne la plus drôle et la plus créative que j'aie jamais rencontrée. Il a commencé de nouvelles études et il travaille aujourd'hui avec des enfants. Ce travail dans un environnement avec une telle intensité et un rythme élevé correspond bien à son énergie, et il est heureux.

Comment est-il passé de la personne troublée à celle qui crée sa vie ?

En reconnaissant qui il est vraiment. En renonçant au mensonge que quelque chose n'allait pas chez lui. En s'invitant à savoir ce qu'il savait. En captant l'information dont il avait besoin et en apprenant les outils lui permettant d'utiliser ses super pouvoirs à son avantage.

Reconnaître qui tu es vraiment et ce dont tu es capable fonctionne de manière magique. Dépasser le « tort de soi » pour réaliser que tu es bien plus que la catastrophe que tu pensais être est ce qui te permet d'ouvrir la porte d'une possibilité totalement différente. C'est ainsi que je travaille avec mes clients : je perçois et je sais qui ils sont et ce dont ils sont capables, au-delà du tort qu'ils ont rendu réel.

Imagine-toi être en présence d'une personne qui ne te juge pas et qui n'a pas de point de vue sur toi ou sur comment tu devrais changer. Quelqu'un qui est conscient du « toi » que tu n'as pas encore choisi d'être. Remarque comment cela te détend, toi et ton corps ? C'est un peu comme être dans la nature où les arbres et les océans sont là pour être une contribution à toi et à ton corps, sans le point de vue que tu devrais être autrement.

Et si Tu pouvais être cette personne pour Toi ?

Quelle énergie, espace et conscience toi et ton corps pouvez-vous être qui vous permettrait d'être l'espace nourricier et bienveillant que toi et ton corps êtes vraiment ?

Tout ce qui ne permet pas cela, veux-tu bien le détruire et le décréer, fois un dieulliard ?

Right and wrong, good and bad, pod and poc, all nine, shorts, boys and beyonds.

Utilise ce déblayage plusieurs fois pour te rappeler que cet espace est possible pour toi, pour être et recevoir.

Qu'est-ce que le TDAH ?

Le TDAH (trouble déficitaire de l'attention avec hyperactivité) est une série d'implants qui crée ce que l'on désigne comme les symptômes du TDAH ; le trouble de l'hyperactivité et de l'attention. Les implants sont tout ce avec quoi tu t'alignes et t'accordes, tout ce à quoi tu résistes et réagis qui crée tous les points de vue implantés et les limitations. Ces implants peuvent être facilement éliminés, si, et seulement si, la personne choisit de les éliminer. Tu peux utiliser la formule de déblayage pour cela.

Si la personne préfère s'accrocher à ses limitations parce qu'elles lui fournissent un bénéfice secondaire – parce que les autres prennent soin d'elle, ou parce que les attentes des autres sont moindres – les implants ne peuvent pas être éliminés. C'est un choix que la personne doit faire.

La possibilité qui est là, au-delà des implants, c'est de recevoir pleinement les capacités qu'offre le TDAH. Les gens qui ont reçu ce diagnostic ont un potentiel énorme parce qu'ils sont conscients et capables de mener plusieurs projets de front et de les gérer tous avec aisance. J'ai eu beaucoup de patients TDAH qui avaient une ou plusieurs affaires commerciales et les créaient avec brillance et énormément de créativité. Pour administrer leurs affaires, par exemple, la comptabilité, ils avaient besoin de personnel. Être conscient de l'énergie générative et créative que permet le TDAH est une invitation pour toi à l'être et à l'utiliser à ton avantage. Sois conscient de ce qui est fun pour toi et de qui tu peux ajouter à ta vie pour s'occuper des choses que tu ne trouves ni fun ni aisées.

Beaucoup de gens TDAH ont un « inquiet professionnel » dans la famille ou parmi leurs amis. Ils sont conscients de cette inquiétude et pensent qu'elle leur appartient. L'un de mes patients avait une mère qui s'inquiétait pour lui à l'excès. Il souffrait d'hypocondrie, mais quand il a pris conscience que son inquiétude constante d'être malade était en fait l'inquiétude de sa mère, l'hypocondrie a disparu.

On suggère souvent aux personnes TDAH de ne faire qu'une chose à la fois et d'achever un projet avant d'en entamer un deuxième. Cela ne fonctionne pas. Je le sais parce que j'ai eu beaucoup de clients TDAH. Ce qui fonctionne, c'est d'avoir un maximum de choses en même temps. C'est cela qui correspond à leur énergie générative et créative. Plus ils ont de choses à gérer en même temps, plus ils sont détendus. Quand tu lâches le point de vue que cela pourrait être trop pour toi, alors tu peux recevoir ce qui est possible pour toi. Ton point de vue crée ta réalité.

Avoir la TV allumée ou de la musique, avec Facebook et les e-mails ouverts tout en faisant ses devoirs ou en écrivant un rapport, et faire une pause pour manger ou parler à un ami est ce qui fonctionne le mieux pour les personnes TDAH. Et pourtant, tout cela est considéré comme un mal dans cette réalité. Tu dois faire une seule chose à la fois et ne pas avoir trop en même temps, sinon tu vas finir stressé. Est-ce vraiment vrai ? Est-ce que ça te rend léger ? Demande ce qui fonctionne pour Toi. Qu'est-ce que Tu sais ? Et si ce que tu savais et que ce dont tu es capable est au-delà de cette réalité ?

Qu'est-ce que le TOC ?

Le TOC, ou trouble obsessionnel compulsif est une conscience incroyable, et la défense contre l'aisance et l'espace à capter les pensées, sentiments et émotions des autres. Ne pas gober que les pensées, sentiments et émotions sont les tiens et ne pas avoir de point de vue à leur sujet te permettrait d'avoir de l'aisance avec cela. Défendre contre ta conscience crée de la contraction. Le point de vue que beaucoup de gens ont est qu'ils doivent se protéger de toutes les informations qu'ils captent. Les gens font beaucoup pour savoir moins.

Le TOC, c'est quand tu as des rituels et des routines qui doivent être accomplis, et s'ils ne le sont pas, ils doivent être accomplis à nouveau jusqu'à ce qu'ils soient accomplis à la perfection. C'est s'occuper avec certains comportements pour éviter d'être conscient. Tu n'as pas besoin d'avoir un diagnostic de TOC pour savoir de quoi je parle. Combien de listes de choses à faire crées-tu chaque jour pour éviter d'être et recevoir ce qui est vraiment possible pour toi ?

Et si le TOC n'était en fait pas un handicap, mais une capacité d'intense conscience de cette réalité ? Cela voudrait dire une capacité à être conscient de ce qui se passe dans l'univers des autres, leurs pensées, sentiments et émotions. Quand ils ne sont pas conscients de tous les stimuli qu'ils absorbent, ils se sentent submergés. Pour fonctionner dans cette réalité, ils créent une stratégie pour s'en sortir et gérer tout ce dont ils sont conscients.

Dans cette réalité, on ne nous apprend pas à simplement recevoir l'information et à la laisser être. Nous devons donner du sens à toutes les informations qui nous entourent. Nous devons nous former une opinion, un point de vue, comprendre, juger ce qui est bien et ce qui est mal, et tirer des conclusions. Les personnes qui ont un TOC sont très conscientes de cela. Leur façon de fonctionner dans cette réalité, la façon de s'en sortir avec toutes les informations qu'ils reçoivent, c'est de faire ce que tout le monde fait dans cette réalité. Ils trouvent un moyen de juger ce qu'il faut faire pour que tout se déroule bien. Les rituels, la rigidité, observées chez les personnes qui ont reçu un diagnostic TOC seraient une tentative de s'assurer que tout le chaos est pris en charge et que tout est sûr. Leur point de vue est de s'assurer de faire leur rituel correctement pour être sûrs que tout est bien et que personne ne sera blessé.

Les gens qui ont un diagnostic TOC sont extrêmement conscients. Ils captent les pensées, sentiments et émotions des personnes qui les entourent, même si ces gens sont physiquement loin d'eux. Ils gobent que ces pensées, sentiments et émotions sont les leurs, pensant que tout ce dont ils sont conscients s'applique à eux-mêmes. Imagine la quantité d'information que cela représente, et ce que cela crée de s'approprier tout cela. Tu chercherais certainement un moyen de donner du sens à tout cela et de gérer toute cette information.

Il y a un outil que tu peux utiliser quand tu te « sens » submergé : pose la question suivante :

Est-ce que ceci s'applique vraiment à moi ?

Juste parce que tu captes l'information tout autour de toi ne veut pas dire que tout s'applique à toi. C'est comme regarder la télévision et essayer de donner du sens à chaque mot que tout le monde dit sur toutes les chaînes. C'est juste de l'information, et la plus grande partie n'a rien à voir avec toi. Un autre outil très utile est la question :

À qui est-ce que ça appartient ?

Pose cette question chaque fois que quelque chose est lourd. Si cela devient léger, c'est que cela ne t'appartient pas. Si cela ne s'allège pas, demande : « Est-ce que j'ai créé ceci comme étant mien ? » Si tu captes un « oui », dis :

Tout cela, partout où j'ai créé ceci comme étant mien, je détruis et je décrée, fois un dieulliard.

Right and wrong, good and bad, pod and poc, all nine, shorts, boys and beyonds.

Une de mes patientes qui était en dépression depuis de nombreuses années avait essayé toutes sortes de médicaments et de thérapies et rien n'a pu changer sa dépression. Elle ne parlait plus, et c'était clair qu'elle était en train de mourir. J'ai travaillé avec elle et un jour, elle est entrée et m'a regardée en souriant. Cette femme n'avait plus souri depuis des années. Elle m'a regardée et elle a dit : « Je suis heureuse aujourd'hui. Je viens de la maison et j'ai réalisé que les choses qui étaient dans ma tête et les choses qui me pesaient n'ont rien à voir avec moi. Ce n'est pas moi ; ça n'a jamais été à moi. » Depuis ce jour, cette femme a commencé à créer sa vie comme jamais auparavant. Elle avait toutes sortes de projets qu'elle avait envie d'explorer et de réaliser. Tout cela à partir d'une petite question.

Poser cette question te permet d'être de plus en plus conscient de l'espace que tu es, et d'être cet espace, où que tu sois, et avec qui que tu sois. Tu n'as plus besoin de choisir une stratégie de sortie ou de t'installer sur une île déserte ou de méditer dans une grotte pendant 20 ans pour connaître la paix. Maintenant, tu peux être en paix en plein cœur des villes les plus folles et les plus bruyantes. Et quand tu es cet espace, cela change les gens autour de toi. À mesure que tu deviens l'espace et l'aisance et la paix d'être toi, les gens autour de toi ne peuvent plus s'accrocher à leur folie autant qu'avant lorsque tu jouais à la folie avec eux. Oh Joie ! Imagine à quel point le monde que nous pouvons créer sera différent.

Qu'est-ce que tu fais pour ne pas être conscient ? Comment t'occupes-tu pour éviter d'être, de savoir, de percevoir et de recevoir ? Qu'est-ce qui est vraiment possible pour toi et ta vie avec la conscience que tu n'as pas encore reconnue ?

Être conscient, c'est recevoir l'information de tout et de tous. Ce n'est pas toujours confortable. Tu es conscient du bonheur et de la tristesse et de tout ce à partir de quoi les gens fonctionnent. La possibilité de la conscience, c'est que tu peux tout avoir avec aisance. Tu peux recevoir toutes les informations et les utiliser à ton avantage pour créer ta vie. Comment ? En arrêtant de faire semblant que quelque chose cloche chez toi. Reconnais que rien ne cloche nulle part et que l'information que tu captes n'est qu'un point de vue intéressant.

Préférerais-tu te balader dans le monde les yeux bandés, en évitant ce que tu sais, dans l'espoir qu'un jour tu feras ce qu'il faut, ou ouvrir les yeux et recevoir toutes les informations pour savoir où tu peux aller ensuite pour créer de plus grandes possibilités pour toi ?

Qu'est-ce que l'autisme ?

Il y a beaucoup de malentendus et de manque d'information concernant l'autisme dans le monde. L'autisme est considéré comme un handicap dans cette réalité. Le point de vue courant est qu'il y a quelque chose qui ne va pas chez les autistes.

Et s'il n'y avait rien qui ne va pas ?

Travailler avec des personnes autistes a chamboulé complètement tout ce que j'avais appris pendant mes études. J'étais étonnée du manque d'information et d'informations incorrectes que l'on m'avait enseignées. Ce que j'ai découvert dans mon travail avec les autistes, c'est la contribution et les possibilités qu'ils sont pour ce monde. Ils sont vraiment différents. Être différent n'est pas considéré comme un trait avantageux dans cette réalité. Être autiste, c'est être extrêmement différent dans la façon d'être et de fonctionner. Cela veut dire être extrêmement conscient de tout et de tous, dans leur entourage, tout le temps.

Les gens « normaux » ont en général leurs barrières et leurs défenses dressées. Le point de vue est que cela te protège de ce qui se passe autour de toi. Cela te donne un sentiment de sécurité et de soi. Les personnes autistes n'ont pas ces défenses.

En posant des questions et en explorant d'autres possibilités, j'ai constaté que la nécessité de dresser des défenses était une approche peu efficace. Elle ne crée pas de changement, et n'arrange rien. La défense te maintient dans une attente permanente d'une attaque et dans un mode de lutte. Quand quelque chose ne fonctionne pas, je regarde ce que c'est et je pose des questions pour avoir plus d'information pour savoir quoi d'autre est possible, qui marcherait encore mieux. C'est cela être pragmatique. (Oh, mais attends une minute, ce livre s'appelle *justement Psychologie Pragmatique* !)

Cette approche qui consiste à mettre des défenses en place nous donne en réalité moins de nous-mêmes. Elle crée le point de vue qu'il est possible d'être affecté négativement par les autres et cela crée la nécessité de devoir constamment défendre son territoire et son espace personnel.

Dans quelle mesure défends-tu ton espace personnel à tout moment comme si c'était ce que tu devais faire pour être en sécurité et avoir la paix ? Est-ce que cela fonctionne bien pour toi ? Et à quel point est-ce que cela te rend fatigué, seul et déconnecté des autres, de la planète, de la nature et de ton corps ? Considérerais-tu une autre possibilité ?

Toutes les nécessités de barrières et de défenses, et tous les points de vue que tu as créés pour maintenir tout cela en place, et tout ce avec quoi tu t'accordes et t'alignes, tout ce à quoi tu résistes et réagis, tout cela, veux-tu bien détruire et décréer maintenant ? Merci.

Right and wrong, good and bad, pod and poc, all nine, shorts, boys and beyonds.

En baissant tes barrières, tu t'autorises à recevoir tout et à être connecté à tout. Quand j'ai changé mon point de vue, que j'ai lâché ma nécessité de dresser des barrières et que je me suis autorisée à être vulnérable, toute ma vie a changé. J'ai capté ce que cela recelait de puissance quand je baissais mes barrières. J'ai eu accès à moi-même plus que jamais auparavant.

Quand je travaille avec des chanteurs et des acteurs et des personnes qui désirent que leur voix soit entendue, nous pratiquons souvent le fait de baisser les barrières pour permettre une plus grande connexion au public. Quand ils permettent aux autres de voir et de vivre leurs dons, leurs dons sont mieux reçus. Leur voix change instantanément sans avoir besoin d'apprendre une quelconque technique. Ils sont présents en tant qu'eux-mêmes, et alors, tout et tout le monde est prêt à leur donner. C'est une contribution qui crée une possibilité différente pour le monde.

J'ai travaillé avec une femme qui disait qu'elle avait peur de parler en public. Elle est montée sur scène lors d'un de mes ateliers, et la première chose que je lui ai demandée c'était de baisser ses barrières. C'est ce qu'elle a fait et elle a éclaté de rire et de joie totale. Je lui ai demandé de quoi elle avait pris conscience et elle a dit : « Mon Dieu ! J'ai toujours pensé que j'avais peur d'être vue et entendue et que je voulais juste me cacher du monde et je viens de réaliser que tout cela était un mensonge et que j'adore parler. Et ce que je pensais être de la peur est en réalité de l'excitation et de la joie d'être vue et entendue. »

Cette femme m'a dit plus tard qu'elle était allée à un grand défilé de mode et qu'elle avait parlé devant un immense public, qu'elle s'était amusée, et qu'elle avait permis à cela de changer son monde. Et tout cela a pu être possible en baissant simplement ses barrières et en s'autorisant à se recevoir elle-même.

Que pourrais-tu découvrir à ton sujet en baissant toutes tes barrières et en te recevant toi ?

Tout ce qui ne te permet pas d'être, savoir, percevoir et recevoir tout cela en totalité, veux-tu bien le détruire le décréer ? Merci.

Right and wrong, good and bad, pod and poc, all nine, shorts, boys and beyonds.

Être connecté à tous et à chacun te permet de recevoir toutes les informations dont tu as besoin tout le temps. Le fait de baisser les barrières contribue à l'énergie dont ton corps a besoin. Recevoir tout crée l'espace où ton corps a besoin de moins de sommeil et de moins de nourriture. Les gens pensent que l'énergie vient principalement de la nourriture et du sommeil. Vraiment ? Combien de fois as-tu beaucoup dormi et mangé, et tu étais encore fatigué ? Combien de fois as-tu mangé et t'es-tu senti encore plus fatigué après ? Combien de fois as-tu forcé ton corps à dormir, en ayant le point de vue que c'est ce dont tu as besoin pour avoir l'énergie nécessaire pour t'en sortir ?

Tout cela et tous les points de vue que tu as concernant la nécessité de sommeil et de nourriture qui court-circuitent ta conscience veux-tu bien détruire aider créer maintenant ? Merci.

Right and wrong, good and bad, pod and poc, all nine, shorts, boys and beyonds.

Lâcher tous ces points de vue te permet de poser les questions qui te donnent l'information sur ce dont toi et ton corps avez réellement besoin. « Corps, as-tu envie de manger maintenant ? Corps, que voudrais-tu manger ? Quelle quantité ? » Ton corps te donnera la conscience de ce dont il a besoin et quand. Ton corps te parle tout le temps. Une fois que tu commences à lui poser des questions et que tu commences à l'écouter, cela devient beaucoup plus facile pour toi d'entendre ce qu'il te dit.

En baissant tes barrières, tu peux être la magie que tu es vraiment. Cela te permet d'être et de recevoir infiniment. À quel point réduis-tu ta prospérité financière avec les barrières que tu dresses pour ne pas recevoir ? Es-tu conscient des barrières que tu as dressées, qui, du coup, font que tu ne sais plus quoi laisser passer ? Elles te protègent de tout, même de l'argent. Elles ne savent pas que leur job est de laisser rentrer tout l'argent que tu désires dans ta vie.

Tout cela, veux-tu bien le détruire le décréer ? Merci.

Right and wrong, good and bad, pod and poc, all nine, shorts, boys and beyonds.

Commences-tu à ressentir les barrières que tu as créées dans ta vie ? Elles sont fondées sur le mensonge que tu as besoin d'elles. Question : Est-ce que c'est vrai ? Est-ce que ce point de vue te rend plus léger ? Est-ce qu'il crée plus dans ta vie ou moins ?

Être vulnérable, n'est pas un « tort ». C'est une « force ». C'est être et recevoir tout sans point de vue que quelque chose ou quelqu'un peut te faire du mal. C'est un peu comme être un *marshmallow*. Tout rebondit. Avoir des barrières veut dire qu'il y a toujours quelque chose contre quoi se battre et qui prend beaucoup d'énergie. Rien ne peut te faire de mal, à moins que tu n'aies le point de vue que quelque chose peut te faire du mal. Une fois encore, ton point de vue crée ta réalité.

Être vulnérable et tout recevoir ne signifie pas que tu prends les choses sur toi, ou que tu dois les garder, les porter partout, ou les stocker dans ton corps. Cela veut dire que tu en es conscient et que tu les laisses passer à travers toi, comme le vent.

Qu'est-ce que tout ça a à voir avec l'autisme ?

La conscience des barrières te donne une différente perspective de la façon dont les personnes autistes fonctionnent. Elle t'invite à un point de vue différent où être conscient de tout à tout moment n'est pas un « tort », mais une « force ».

Être autiste, c'est n'avoir aucun filtre et aucune barrière à toutes les informations et à la conscience. C'est un peu comme ne pas avoir de peau. Tout est là tout le temps, en même temps.

Le point de vue commun est que les personnes autistes manquent d'émotions et de sentiments, et que c'est un handicap.

À quel point peux-tu être et recevoir plus de toi-même quand tu ne penses pas, quand tu n'as pas de sentiments ni d'émotions ?

Les pensées, les sentiments et les émotions sont basés sur la polarité – bien et mal, raison et tort. Tu es toujours à un pôle ou à l'autre et tu n'as jamais la liberté d'être.

Es-tu prêt à découvrir qui tu es au-delà des pensées, des sentiments et des émotions ? C'est une sacrée aventure ! C'est là où tu as le choix, le vrai choix.

Si c'est un « oui » pour toi, utilise ce déblayage aussi souvent que possible :

Quelle invention utilises-tu pour créer les pensées, les sentiments, les émotions et les contrariétés que tu choisis ?

Tout cela, veux-tu bien le détruire et le décréer ? Merci.

Right and wrong, good and bad, pod and poc, all nine, shorts, boys and beyonds.

Les personnes autistes perçoivent tout, tout le temps. Ce qui veut dire qu'elles captent les informations, pensées, sentiments, émotions, à tout moment, et tout ce qui est dit et qui n'est pas verbalisé.

J'ai une amie qui a travaillé avec une mère et son enfant autiste. Ils étaient assis dans le salon quand l'enfant a regardé le frigo et, sans mot, a fait savoir à sa mère qu'il voulait du jus d'orange. La mère a capté l'information et en allant vers le frigo, elle a demandé, avec des mots, s'il voulait du jus d'orange, et l'enfant a commencé à crier. Mon amie a demandé à la mère : « Donc votre fils est frustré maintenant, parce qu'il sait que vous savez déjà ce qu'il veut et que vous lui avez posé une question sur quelque chose que vous saviez déjà ? » La conscience était « oui ». La question de sa mère a frustré l'enfant, parce que sa mère s'est rendue plus lente en faisant semblant de ne pas savoir ce qu'elle savait.

C'est un exemple de la façon dont les personnes autistes fonctionnent. Elles communiquent avec des mots et sans mots. Les mots ne sont pas une nécessité dans leur monde, mais elles savent que tu sais, elles savent quand tu te rends plus lent et plus stupide que tu n'es, ce qui leur cause beaucoup de frustration et d'accès de colère.

C'est drôle de réaliser que ce qui a l'air d'être de la colère et de l'énervement chez les personnes autistes, n'est en fait pas l'expression de quelque chose qui ne va pas, mais une manière de te dire quelque chose, une information concernant une possibilité. Et si nous pouvions lâcher la perception que quelque chose ne va pas, et recevoir la possibilité que nous cachons derrière ?

On dit que l'autisme est une incapacité à communiquer. À quel point ce point de vue est-il incorrect ?

Nous communiquons tous avec et sans mots. Combien de fois n'as-tu pas su qui t'appelait avant de décrocher le téléphone ou d'avoir consulté ton écran ? Quand tu penses à quelqu'un, combien de fois cette personne n'est-elle pas justement en train de penser à toi, qu'elle a besoin de toi, et que tu as conclu que c'était toi qui pensais à cette personne ?

Nous savons tellement plus que nous le pensons. Penser n'est qu'une forme mineure de savoir. Savoir est plus rapide. Passer du temps avec des personnes autistes est incroyable et c'est une façon étonnante de pratiquer ton savoir et ta communication au-delà de la nécessité des mots.

Je joue avec cela tout le temps dans mon cabinet. Il y a un test psychologique que j'utilise avec mes patients. Et nous jouons avec. Il n'est pas fait pour jouer, il est supposé être très sérieux, mais ça, ça ne fonctionne pas pour moi. J'adore l'utiliser pour rendre le pouvoir aux gens de savoir ce qu'ils savent. Ce test est comme un puzzle ; il y a une image dont il manque une pièce, et il y a cinq réponses parmi lesquelles choisir, l'une d'elles est la pièce qui manque à l'image.

D'abord, je demande aux clients quelle est la bonne pièce, c'est-à-dire que je leur demande d'utiliser leur cerveau et de penser pour trouver la bonne réponse. Puis, je leur demande comment cela a fonctionné pour eux et, généralement, la réponse est que c'était difficile, qu'ils ont mal à la tête ou aux yeux de s'être concentrés sur l'image pour trouver la bonne réponse. Puis, on le refait avec un autre puzzle. Cette fois-ci, je demande aux clients de ne pas penser et d'utiliser leur savoir, et de demander au puzzle quelle est la pièce qui manque.

Ce qui se passe la plupart du temps, c'est que les clients viennent avec la bonne réponse et ils sont surpris que cela ait été aussi rapide et facile. Ils disent que leur cerveau leur disait que ce n'était pas possible que ce soit facile et rapide, et qu'ils étaient censés réfléchir plus pour trouver la bonne réponse. Ils apprennent ainsi à faire confiance à leur conscience. Ensuite, on fait encore une fois le même jeu, et de nouveau, je demande aux clients d'utiliser leur savoir, et je leur dis que j'aurai la réponse correcte dans ma tête et qu'ils n'auront qu'à la prendre là. C'est une façon amusante d'explorer ce que cela fait de capter les pensées de quelqu'un d'autre. Et cela fonctionne.

Alors, quelles capacités à savoir et à capter les pensées, les sentiments, et les émotions des autres as-tu et que tu n'as pas encore reconnues ?

Tout ce qui ne te permet pas d'être, savoir, percevoir et recevoir tout cela, veux-tu bien le détruire et le décréer s'il te plaît ? Merci.

*Right and wrong, good and bad, pod and poc, all nine, shorts,
boys and beyonds.*

T'autoriser à savoir est d'une grande aide lorsque tu
communiques avec des personnes autistes. Cela crée tellement plus d'aisance et de paix dans leur univers quand
tu ne fais pas semblant d'être plus stupide que tu n'es en
réalité.

Et si tu pouvais prendre tout ce dont tu es conscient
et l'utiliser comme contribution à ta vie est à ton corps ?
Combien d'aisance ce cela créerait-il dans ta vie ?

Une mère avec qui j'ai travaillé avait un fils autiste
et elle se plaignait du fait qu'il n'était pas prêt à temps le
matin. Elle avait utilisé toutes les stratégies auxquelles elle
avait pu penser pour le manipuler pour qu'il soit prêt, mais
il refusait. Elle m'a demandé de l'aide. Alors je lui ai dit
d'envoyer télépathiquement des images à son fils, comme
une série rapide de diapositives. Des images de ce qu'elle
aimerait qu'il fasse, et de comment la journée allait se passer. Elle n'avait jamais fait cela, et elle ne connaissait rien de
la communication télépathique. Elle s'est dit qu'elle allait
au moins essayer.

N'ayant rien à perdre, et ne sachant pas vraiment comment s'y prendre, elle a juste eu dans sa tête des images de
la façon dont la journée devrait se dérouler et les a téléchar-
gées à son fils. Quelle ne fut pas la surprise de cette femme
de constater à quel point cela fonctionnait bien. Son fils
s'est détendu et s'est préparé juste à temps pour partir. Ils
ont continué à communiquer ainsi, ce qui a amélioré leur
relation de manière dynamique.

Les personnes autistes ont des capacités incroyables
au-delà de ce que cette réalité peut saisir ou comprendre. Ils
fonctionnent au-delà de la norme et bien loin de la courbe

de ce que nous appelons normalité. Ils sont si différents que la seule façon de les comprendre dans cette réalité est de cataloguer l'autisme comme handicap.

Cela s'applique aussi pour le TDAH, le TOC et d'autres prétendus diagnostics. Tous ces diagnostics sont des mutations de l'espèce en une façon différente de fonctionner qui ne fait pas sens. Et les gens veulent comprendre, décortiquer et expliquer ce qu'ils ne comprennent pas et ne s'expliquent pas. Et tout ce qui est différent est forcément un tort. Point de vue intéressant. Pourquoi la différence devrait-elle être un tort ?

Quelle différence es-tu et dont tu as fait un tort, que si tu l'étais, cela changerait toute ta vie ?

Tout cela, veux-tu bien le détruire et décréer ? Merci.

Right and wrong, good and bad, pod and poc, all nine, shorts, boys and beyonds.

J'écris beaucoup à propos de l'autisme, parce que c'est l'un des phénomènes psychologiques les moins compris avec la schizophrénie et la psychose. Alors, si au lieu de l'étiqueter comme un « tort », nous prenions un autre point de vue et demandions : « Qu'est-ce qui est réellement possible ici ? Que pouvons-nous apprendre ici que nous n'avons pas reconnu ? »

Les personnes autistes ne fonctionnent pas à partir de pensées, de sentiments et d'émotions. Ils n'ont pas de sens pour eux. Penser, sentir, et s'émouvoir sont les harmoniques basses de l'être, du savoir, du percevoir et du recevoir. Penser, sentir et s'émouvoir sont la version contractée d'être, recevoir, savoir et percevoir, parce qu'elles sont basées sur la polarité. Il y a toujours un côté positif et un côté négatif. Ce qui n'est pas le cas avec l'être, le savoir, le recevoir et le percevoir. Cela n'est pas basé sur la polarité.

C'est la façon expansive selon laquelle nous pouvons fonctionner.

Dans cette réalité, nous avons appris que penser, sentir et s'émouvoir était de grande valeur. Intéressant, n'est-ce pas là exactement ce qui cause le problème et qui nous piège dans un état constant de souffrance ? C'est assez facile de dépasser la pensée, le sentiment et l'émotion, pour fonctionner à partir d'être, recevoir, percevoir et savoir. C'est plus rapide et ça rend la vie est beaucoup plus facile parce que tu n'es plus l'effet de la polarité, du bien et du mal. Le bien et le mal cessent d'être pertinents. Tout est juste un point de vue intéressant, et tu as le choix.

Il est très douloureux pour les personnes autistes d'être forcées à fonctionner à partir des harmoniques basses de penser, sentir et s'émouvoir. C'est comme forcer une grosse balle ronde à entrer dans une petite boîte carrée. Leur manière de fonctionner à partir d'être, savoir, percevoir et recevoir les rend extrêmement conscients des points de vue des autres. Ils sont extrêmement conscients de toute l'information autour d'eux tout le temps.

Ne demande pas à une personne autiste comment elle se sent. Si tu lui poses cette question, elle puisera dans tous les sentiments des personnes autour pour comprendre comment elle est censée se sentir. Demande-lui de quoi elle est consciente. Si tu remarques qu'elle se contracte et s'énerve, demande-lui ; « À qui est-ce que ça appartient ? Est-ce à toi ? »

Poser ces questions crée une grande détente pour elle, car elle a la possibilité de savoir ce dont elle est consciente et que ce dont elle est consciente n'a rien avoir avec elle-même.

Ce n'est pas seulement le cas pour les personnes autistes. Combien de points de vue et de problèmes te mets-tu sur les épaules chaque jour et qui ne sont en fait pas les tiens ?

Serais-tu prêt à laisser partir tout ce qui n'est pas à toi et à le renvoyer à l'expéditeur, sans avoir besoin de savoir qui est l'expéditeur ? Merci.

Je travaillais avec un jeune homme qui avait un Asperger, une forme d'autisme. Dès qu'il a commencé à utiliser l'outil consistant à poser la question : « À qui est-ce que ça appartient ? » et « Est-ce que c'est à moi ? » pour chaque pensée, sentiment et émotion qu'il pensait être à lui, tout son monde a changé. Il m'a dit à quel point cela avait créé de la liberté pour lui. Qu'il avait réalisé à quel point il était différent et que rien ne clochait chez lui, que c'était comme cela qu'il était, et que c'était une super façon d'être.

Il m'a dit qu'il avait pris conscience que les gens « normaux » créaient beaucoup de problèmes par leurs pensées et leurs sentiments et en mettant tant de signification dans tout. Il ne sait peut-être pas toujours ce qui est socialement approprié, mais maintenant, il ne se donne plus tort lorsqu'il remarque que des gens s'en offusquent. Il demande simplement : « Comment vas-tu ? Que se passe-t-il ? Est-ce que je peux aider ? » La plupart du temps, cela suffit à apaiser les gens.

Il disait qu'il se sentait souvent comme un extraterrestre, ne comprenant pas le foin que font la plupart des gens et pourquoi ils réagissent comme ils le font, mais maintenant, cela ne le tracasse plus. Il se sent bien dans sa peau et il sait qu'il est une contribution au monde en étant simplement qui il est.

Voilà ce qui rend mon travail tellement amusant.

L'autisme est un niveau de conscience qu'on ne peut pas éteindre, mais on essaie de trouver un moyen de vivre avec l'insanité des gens qui nous entourent et qui, eux, éteignent leur conscience. Les personnes autistes n'ont pas de bouton « off ». Éteindre la conscience ne fait pas sens dans leur monde.

Les autistes fonctionnels, c'est-à-dire ceux qui sont autistes et qui ont appris à avoir l'air normal et de vivre une vie « normale », tentent de comprendre où ils doivent mettre leur conscience pour que cela fonctionne pour les autres. Ils s'ajustent. Cela leur demande beaucoup d'énergie et beaucoup d'efforts pour cacher ce qu'ils savent, même à eux-mêmes, et pouvoir s'intégrer dans les réalités des autres.

Reconnaître que c'est cela qu'ils font chaque fois qu'ils interagissent avec d'autres leur donne une grande liberté et les invite au choix. La possibilité est d'être entièrement toi, avec tout le monde, et de dire ce que les autres sont à même de recevoir. Tu n'as pas besoin de dire ce que tu sais aux gens qui ne peuvent pas le recevoir. Ils ne pourront que te résister. Comme le dit mon ami Gary Douglas : « Juste pour toi, juste pour le fun et ne le dis jamais à personne ».

Ne réduit jamais ta conscience en faveur des points de vue les autres. Tu sais ce que tu sais, peu importe ce que les gens disent. Et si tu pouvais recevoir ce que les autres pensent et sentent comme un point de vue intéressant, sans le rendre réel ou important, et savoir ce que tu sais ?

L'autre jour, j'étais à l'aéroport, et je me préparais à embarquer. Le personnel était assez nerveux et voulait que j'avance plus vite. Pendant une fraction de seconde, j'allais me dépêcher et avancer plus vite, rendant ainsi le point de vue du personnel réel. Puis, je me suis demandé ce que je savais, j'ai reçu la conscience que nous avions le temps, j'ai reconnu mon savoir, et je me suis détendue. Est ce qui s'est passé, c'est que le personnel a commencé à se détendre aussi, et tout était bien. Nous avions tout le temps avant que l'avion décolle.

Reconnaître ce que tu sais crée plus de liberté et d'aisance dans ta vie et dans la vie des autres. C'est l'espace où tu n'ignores plus ta conscience en faveur des points de vue les autres.

Schizophrénie et psychose

La schizophrénie est la psychose sont considérées comme des maladies mentales plus graves. Elles sont censées être principalement soignées par les médicaments. Aucune thérapie traditionnelle ne peut guérir la schizophrénie et la psychose.

Les gens qui ont ces diagnostics entendent des voix ou voient des choses que les autres ne voient pas. Ils en sont généralement très perturbés par cela. Le point de vue courant est que ces personnes sont malades et qu'il y a quelque chose qui cloche chez elles. C'est une réponse qui ne laisse aucune marge pour l'exploration. Pas étonnant donc qu'il n'y ait pas de thérapie qui puisse faciliter une possibilité différente.

Pour créer une réalité fonctionnelle différente pour les personnes qui ont ces diagnostics, nous devons commencer par des questions. Qu'est-ce que c'est ? Qu'est-ce qui est possible avec ça ? Qu'est-ce qu'il faut pour faciliter une possibilité différente pour ces personnes ?

J'ai vu les patients schizophrènes et psychotiques. Notamment, une jeune femme qui avait toujours entendu des voix et vu des personnes que les autres ne voyaient pas. Elle voyait et entendait des personnes mortes et qui n'avaient plus de corps. Elle pouvait parler à sa grand-mère décédée. Quand elle préparait à manger dans sa cuisine, elle pouvait sentir des personnes lui tapoter sur l'épaule pour lui parler.

Le problème était qu'elle pensait qu'elle avait tort et qu'elle était malade, et qu'elle devait s'empêcher de savoir ce dont elle était capable. Quand elle m'a parlé des voix et de ce qu'elle voyait, ce qui était très courageux, je lui ai demandé si elle avait le talent et la capacité d'être consciente des êtres qui n'ont pas de corps et qu'elle n'avait pas reconnu ce talent et cette capacité. Elle a souri, a commencé à rire, et elle et tout son corps, se sont détendus. Tout son univers s'est allégé et elle a ouvert la porte qui lui permettait d'accéder à elle-même, et à ce dont elle était capable, plus que jamais auparavant. Elle a lâché le point de vue qu'il y avait quelque chose qui clochait chez elle. Elle a pu explorer et apprécier ses talents. Elle n'avait plus besoin de psychiatrie.

La plupart des gens qui travaillent avec des patients diagnostiqués avec une psychose ou de la schizophrénie savent plus ou moins consciemment ce qui se passe, mais ne s'autorisent ou n'osent jamais le reconnaître, car cela dépasse totalement la normalité.

Le moment est-il venu pour nous d'être courageux et de voir ce qui se passe vraiment ou de s'obstiner dans la fable de ce qui est « normal » ou prouvé scientifiquement ? Si, nous ne pouvons pas aider les gens et transformer ce qui se passe en quelque chose de plus grand, que valent les modèles et les théories que l'on nous a appris ? Si cela ne fonctionne pas, pose une question. Si cela ne fonctionne pas, pose une question et explore une possibilité différente.

Soit pragmatique. Sois éveillé. Sois suffisamment courageux pour voir au-delà de la norme.

Suivre ce que disent les autres, ce que dit la science, ce
que les autres théories disent, c'est maintenir le statu quo et
maintenir ce que les gens pensent qui se passe. Reconnaître
ce qui se passe vraiment a le potentiel de créer des possibilités qui investissent les gens du pouvoir de savoir ce qu'ils
savent. Cela a le potentiel de créer un monde différent avec
un futur durable.

Entités

Quand on travaille en psychiatrie, c'est quelque chose
qui se présente chaque jour, que l'on travaille avec des personnes qui ont été diagnostiquées avec de la schizophrénie
de la psychose ou pas. Les entités, c'est-à-dire des êtres
sans corps, nous parlent tout le temps. Beaucoup de gens
finissent en psychiatrie parce qu'ils sont conscients d'entités et n'ont pas l'éducation nécessaire pour les gérer. Dès
qu'ils apprennent à gérer ce dont ils sont conscients, les
diagnostics et la maladie mentale ne sont plus pertinents.
Ils peuvent avoir un sentiment de paix et d'aisance tout en
étant conscients de ce dont ils sont conscients.

Dans beaucoup de situations inexplicables où les gens
ont des dépressions soudaines, tu peux demander si cela
a quelque chose à voir avec des entités. Les gens qui
prennent des médicaments, boivent beaucoup, ou qui choisissent l'inconscience, mettent leur corps en location et les
entités peuvent venir et prendre leur place.

J'ai récemment travaillé avec une femme dont le frère
m'avait appelé en me disant que sa sœur était soudainement
devenue totalement différente, qu'elle appelait les gens et
leur disait des trucs bizarres, qu'elle restait à la maison, et

qu'il ne savait pas quoi faire et il me demandait de la rencontrer.

Quand je lui ai rendu visite chez elle, elle a ouvert la porte et son expression générale était confuse. Elle n'était pas elle-même, littéralement. Alors je me suis assise et je lui ai demandé ce qui se passait. Je lui ai demandé si elle voulait bien laisser partir tout ce qui ne lui permettait pas d'être elle-même maintenant. Elle m'a dit oui, et c'était vraiment un oui. Souvent, les gens disent oui pour qu'on les laisse tranquilles alors qu'ils pensent non.

Alors qu'elle parlait, j'étais énergétiquement connectée aux entités dans son corps et les ai fait partir. Elle m'a regardé, m'a souri et ma remerciée. Il s'est avéré qu'elle avait tout le temps ces entités dans son corps, mais quelque chose les avait provoquées, et cette fois-là, elle a choisi de les laisser partir. Le lendemain, elle est venue à mon cabinet, totalement changée, elle-même à nouveau.

Si j'avais fait de la psychologie normale, elle aurait été transférée à l'hôpital pour un traitement avec hospitalisation et elle aurait reçu des médicaments. Qu'est-ce que cela aurait créé pour elle ?

Ce que j'ai fait était bizarre et tordu, mais ça a fonctionné. C'est ça être pragmatique, faire ce qui fonctionne.

Certaines personnes sont ce qu'on appelle des portails. C'est-à-dire qu'ils sont une porte grande ouverte pour les entités. C'est le cas des schizophrènes. À un moment donné, ils ont choisi d'être des portails. Les entités passent à travers eux comme des voitures sur une autoroute. Tu le remarques, parce que quand tu parles à ces personnes, soudainement tu as l'impression de parler à quelqu'un d'autre, puis, quelques instants plus tard, tu as l'impression de parler à quelqu'un d'autre encore. Si la personne choisit de renoncer à être un portail, c'est très rapide et facile de fermer un portail. Les bâtiments peuvent aussi être des portails. Ce sont des endroits où tu as soudainement la tête qui tourne très fort, ou tu remarques quelque chose de bizarre. En lisant ceci, tu es conscient de l'énergie dont je parle.

Demande-toi combien des pensées que tu as dans la tête sont les tiennes. Quand tu as du mal à décider quoi faire et qu'une voix te dit d'aller dans cette direction et qu'une autre voix veut que tu ailles dans une autre direction ou quand les voix te parlent en te tutoyant, demande-toi : « Est-ce que ce sont des entités dont je suis conscient ? » Comment sais-tu qu'il s'agit d'entités ? Demande : « Vérité, suis-je conscient d'entités ? » Est-ce un « oui » ou un « non » qui te rend plus léger ? La réponse qui te rend le plus léger est vraie pour toi.

Les entités aiment vivre dans les corps des gens. Il est très courant qu'une ou plusieurs entités soient à l'intérieur du corps d'une personne. Ce n'est rien de grave. Les entités ne sont pas plus puissantes que toi. C'est toi qui as le corps, c'est toi qui décides !

Comment faire partir les entités ?

En te connectant aux entités que tu voudrais laisser partir en utilisant cette formule de déblayage :

Vérité, qui êtes-vous, vérité, qui étiez-vous avant ça, vérité, qui étiez-vous avant ça, vérité, qui étiez-vous avant ça ? (Répète ceci jusqu'à ce que l'énergie change.)

Vérité, qui serez-vous dans le futur ? Merci, vous pouvez partir maintenant.

Et toutes les empreintes magnétiques dans ton corps, détruis et décrée-les.

Right and wrong, good and bad, pod and poc, all nine, shorts, boys and beyonds.

En demandant « Qui étiez-vous avant ça ? Qui serez-vous dans le futur ? », tu décoinces l'entité de sa position dans le temps. Les empreintes magnétiques sont les empreintes que l'entité a laissées dans ton corps en l'occupant.

Bipolaire

Autrefois, on appelait les bipolaires maniaco-dépressifs. C'est quand les gens ont des épisodes dépressifs (bas) et des épisodes maniaques (hauts).

Quand je travaille avec des personnes qui ont été diagnostiquées bipolaires, je me demande toujours : « Vérité, s'agit-il vraiment de bipolarité ? » Mon savoir me dit souvent qu'il ne s'agit pas de bipolarité, même si la personne a été diagnostiquée ainsi. Ce sont simplement des personnes qui ont été mal comprises et qui ont été plus heureuses que la norme. Quand tu es trop heureux, les gens se demandent ce qui cloche chez toi.

Combien de ta joie et de ton bonheur retiens-tu pour ne pas paraître fou ou « trop » ?

Tout cela, veux-tu bien détruire et décréer ? Merci.

Right and wrong, good and bad, pod and poc, all nine, shorts, boys and beyonds.

Je sais que tout ça est si facile : poser une question pour trouver ce qui se passe vraiment au lieu de gober la conclusion que quelqu'un d'autre a créée en donnant un diagnostic au patient.

Les périodes basses, ou dépressives, sont souvent la conscience d'autres personnes et de la densité de cette réalité. Tant de clients que je rencontre sont simplement conscients de ce qui se passe dans le monde, et gobent cela comme leur appartenant, le créant comme le leur. Et en faisant cela, ils s'en rendent l'effet. Utiliser l'outil « À qui est-ce que ça appartient ? » crée un changement immense, parce qu'il permet de reconnaître que la tristesse que les personnes pensent qu'elle leur appartient n'a en réalité rien à voir avec les personnes.

Tu peux changer la vie de quelqu'un en une seule séance. Juste en lui posant des questions et en reconnaissant ce que c'est.

Quand je pose la question à un client qui a été diagnostiqué bipolaire, et que je reçois un « oui », qu'il s'agit bien de bipolarité, j'ai découvert que le client créait en fait un univers conflictuel. C'est-à-dire qu'il est constamment en train de vivre dans un monde « soit l'un soit l'autre ». L'une de mes clientes avait un univers conflictuel avec sa sexualité, elle voulait beaucoup de sexe et en même temps elle était dégoûtée par le sexe et voulait devenir religieuse.

Les bipolaires sont constamment en train de créer de la séparation en voulant être ici tout en ne voulant pas être ici, en voulant avoir un corps tout en ne voulant pas avoir de corps. Dans les périodes hautes, où tout est tellement merveilleux, ils ont l'impression d'être enfin eux-mêmes. Et oui, d'une certaine façon, ils sont la joie qu'ils sont réellement. Et en même temps, ils créent de la joie comme un état, un endroit où il faut aller pour atteindre cette joie, plutôt que d'être dans la paisible et indubitable reconnaissance de qui ils sont vraiment. Faciliter le client à être, savoir, percevoir, et recevoir cela peut créer un changement énorme.

La joie n'est pas un état vers lequel on peut aller ou que l'on peut atteindre. C'est ce que nous sommes déjà. Quand tu commences à reconnaître cela, il n'est plus nécessaire de travailler dur pour devenir joyeux, pour essayer de te sentir bien, ou te prouver à toi-même que tu es heureux. Tu laisses partir la part maniaque de ton bonheur, et tu deviens heureux, avec une grande paix. Le véritable bonheur, c'est la conscience qu'il y a toujours des possibilités d'expansion.

Dans le domaine de la psychiatrie, il règne beaucoup de zones d'ombre concernant le TDAH et la bipolarité. Il y a certaines similitudes. Ces deux groupes de personnes sont très conscients et connaissent des hauts et des bas hors normes. J'ai découvert qu'il n'était pas vraiment pertinent de poser un diagnostic, parce qu'en général, c'est un moyen de trouver une réponse. Au lieu de cela, ce qui aide, c'est d'avoir la conscience, pour chaque personne individuellement, de ce qui ce passe, et de comment la personne crée ses limitations. S'agit-il principalement d'univers conflictuels, ou du fait qu'ils ne sachent pas comment gérer leur conscience, ou les deux, ou quoi d'autre encore ?

Les questions te mèneront à savoir ce qui se passe et aux choix qui sont disponibles pour créer un futur différent.

CHAPITRE DOUZE

SORTIR DE L'ABUS

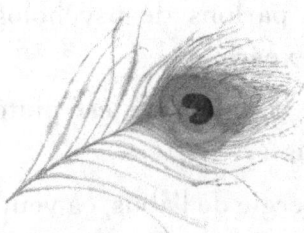

Beaucoup de gens ont vécu l'abus sous une forme ou une autre. L'abus sexuel et verbal sont les abus auxquels on pense le plus souvent. Il y a tellement d'autres façons d'abuser que nous nous infligeons à nous-mêmes chaque jour, comme la réflexion excessive : utiliser ton cerveau plus que nécessaire pour t'assurer de faire ce qu'il faut, et ne pas faire ce qu'il ne faut pas ; manger plus que ce que ton corps requiert, et ne pas lui demander si il veut manger, et ce qu'il voudrait manger, et quand ; en vivant en fonction des réponses de cette réalité plutôt qu'en posant des questions.

Quel est ton outil de torture favori, celui que tu utilises sur toi-même et ton corps au quotidien ? Serais-tu prêt à laisser partir cela pour découvrir une autre façon de t'amuser ? Combien de ces formes d'abus utilises-tu pour t'occuper, te conformer, pour être comme tout le monde, pour ne pas être aussi puissant que tu l'es vraiment, pour te distraire de créer ta vie authentique ?

Tout cela, veux-tu bien détruire et décréer, s'il te plaît ? Merci.

Right and wrong, good and bad, pod and poc, all nine, shorts, boys and beyonds.

L'abus est un peu le mode de fonctionnement de cette réalité. Qu'est-ce que ça veut dire ? Faisons une petite expérience. Nous parlons de psychologie. Que serait la psychologie sans expériences ?

Mon genre de psychologie est plutôt une expérience ludique. Tu me suis ?

Puise dans l'énergie de l'abus, ça veut dire autorise-toi à recevoir un téléchargement de ce qu'est l'énergie de l'abus. Tu n'as pas besoin de visualiser quoi que ce soit, ou de faire quoi que ce soir pour y arriver, perçois simplement ce qu'est l'énergie de l'abus. Capte les sensations de cette énergie dans ton corps. Où est-ce que cela se contracte maintenant ? Où ressens-tu des tensions ? Combien d'espace as-tu maintenant ?

Maintenant, sens à quel point cette énergie est l'énergie de cette réalité, où tout est une question de conformité, d'être normal, d'avoir raison, d'être comme tout le monde, de faire ce qu'il faut, de vivre la vie qu'il convient, avec le bon mari ou femme, et la bonne quantité d'argent, d'éviter d'avoir tort, d'éviter de perdre ? De combien de contractions es-tu conscient maintenant dans ton corps ?

Bienvenue dans cette réalité, Mesdames et Messieurs. Et si vous agissez maintenant, vous pouvez être emprisonné à vie dans cette réalité, tout cela au prix de vous-même. Une petite blague de ma part… ou pas.

À quel point dois-tu abuser de toi et te torturer pour être capable de faire partie de cette réalité et avoir l'impression d'appartenir à ce monde ?

Tout cela, veux-tu bien détruire et décréer ?

Right and wrong, good and bad, pod and poc, all nine, shorts, boys and beyonds.

Maintenant, laisse partir l'énergie de l'abus et toutes les personnes à qui tu viens de te connecter pour savoir ce qu'est l'abus. Merci.

Es-tu plus détendu depuis que tu as laissé partir cette énergie ? Cet exercice te permet de voir à quel point tu es conscient des énergies, tout le temps, et que tu peux les recevoir à tout moment et les laisser repartir, sans effort ni force, juste par choix. Plus tu joueras avec cela, plus cela deviendra facile.

La prochaine fois que tu te trouveras en présence de cette énergie de l'abus, que ce soit sous la forme d'une personne ou d'une situation, dis-toi : « Ah, c'est de nouveau cette énergie, qu'est-ce que j'ai envie de choisir maintenant ? » Tu ne te seras plus automatiquement l'effet de cette énergie, parce que tu seras conscient de ce que c'est. La conscience de ce qui se passe est ce qui crée une différente possibilité pour toi.

J'ai eu une relation par le passé avec un homme qui me disait à quel point il m'aimait et m'adorait et que j'étais la meilleure chose qui lui soit arrivée, sauf que chaque fois qu'il le disait, j'avais la nausée et je me sentais lourde et très en colère. Pendant un temps, je me suis donné tort de ne pas être heureuse quand il déclarait son amour pour moi. Comment puis-je être tellement en colère quand il me dit combien il m'aime ? Ne suis-je pas une personne mauvaise, terrible et froide ?

Après un temps de cette torture, j'ai finalement été assez intelligente pour utiliser mes propres outils. Alors, j'ai demandé : « Qu'est-ce qui se passe ? De quoi suis-je consciente et que je n'ai pas reconnu ? Quels mensonges y a-t-il ici, verbalisés ou non ? » Demander où est le mensonge est une excellente question quand tu es en colère.

Il n'a pas fallu longtemps pour que je reçoive l'information d'un autre ami, que mon partenaire qui disait tant m'aimer éprouvait en fait énormément de ressentiment à mon égard et envers ce que je faisais dans le monde. Quand j'ai reçu cette information, je me suis sentie à nouveau si légère, et la colère avait disparu. J'ai pris conscience que chaque fois qu'il me disait combien il m'aimait et que je ressentais la colère, je sentais qu'il mentait et qu'il ne m'aimait pas, mais qu'il me jugeait d'être moi. Cette conscience a créé tellement d'espace pour moi. Je suis demandé, « Est-ce le genre de personne avec qui j'ai envie de passer du temps ? Qui d'autre et quoi d'autre puis-je choisir qui expanserait mon monde ? »

La conscience de ce qui se passe, sans lui donner tort, crée les possibilités et le choix.

L'abus – es-tu un guérisseur ?

J'avais une cliente qui avait des difficultés à créer des relations qui fonctionnent pour elle, et à prendre plaisir de son corps et du sexe. Pendant nos séances, elle a rencontré pour la première fois un homme qui était gentil avec elle, la traitait avec considération, et elle et son corps ont pu se détendre. Elle me dit alors qu'elle était prête à regarder ce qui se passait avec son corps et ses difficultés à prendre plaisir au sexe.

Je lui ai posé quelques questions sur le moment où ces difficultés avaient commencé et elle me répondit tout de go qu'elle avait été violée quand elle était une jeune adolescente. Après cela, elle n'a plus aimé le sexe et elle était dégoûtée de son corps. Je lui ai demandé combien de la colère du violeur elle avait verrouillé dans son corps et qu'elle retenait dans son corps depuis lors. Quand je lui ai posé cette question, ce fut comme si son univers entier explosait. Elle dit : « Oh, mon dieu, c'est ça que je faisais. »

Nous avons parlé de la haine de cet homme pour les femmes, et j'ai lui ai demandé si elle voulait guérir cela en lui. Elle répondit : « C'est la question la plus bizarre que j'ai jamais entendue, mais elle me rend vraiment plus légère. » Elle a pris conscience que par le choix qu'elle faisait, elle mettait un terme au cercle vicieux de l'abus que cet homme faisait.

Tu peux poser cette question :

Quelle conscience et quelle force avais-je au moment de l'abus que je n'ai pas reconnues ?

Le point de vue qu'elle était victime l'avait verrouillée et ne permettait pas à son corps de prendre plaisir à être touché, et limitait sa capacité à recevoir, ce qui se reflétait aussi dans sa situation financière. Elle a pris conscience de ses capacités à guérir, qu'elle utilisait contre elle-même. Elle a pris conscience de toutes les personnes autour d'elle qui avaient de la colère, de la rage et de la haine comme mode de fonctionnement primaire. Elle savait qu'elle avait la capacité de retirer cela de l'univers et des corps des gens et elle avait verrouillé cela dans son corps sans reconnaître ce qu'elle était en train de faire.

Quand nous avons posé les questions sur ce qui se passait réellement, elle a pu élargir sa conscience pour connaître les capacités de guérison qu'elle avait et qu'elle pouvait maintenant utiliser à son avantage. Elle m'a dit après ces séances que cela avait changé entièrement sa vie et son corps. Son petit ami lui a dit qu'il ne savait pas ce qui s'était passé, mais que cela avait changé aussi sa façon à lui d'être avec son corps et le sexe.

Je partage cet exemple parce qu'il comporte de nombreux aspects que tu peux utiliser. À quel point es-tu un guérisseur et as-tu retiré la douleur et la souffrance de l'univers et des corps des autres gens pendant toute ta vie ? Est-ce que cela te rend plus léger maintenant ? Est-ce que ton corps se détend ? Viens-tu de respirer profondément ou de soupirer ? Ou est-ce que ça a changé quelque chose d'autre pour toi ?

Ce sont là des indices qu'il y a quelque chose là-dedans qui est vrai pour toi. Quand tu vis ta vie en retirant constamment la douleur et la souffrance des corps et des univers des autres sans en avoir conscience, tu te retires du choix et tu te rends l'effet de ce qui se passe autour de toi. Une fois que tu comprends ce dont tu es capable, tu peux utiliser cela à ton avantage et tu peux commencer à utiliser cette capacité pour créer ta vie au lieu de t'abuser toi-même.

J'avais l'habitude de me sentir ivre chaque fois que je sortais dans des bars. J'avais la tête qui tournait et je me sentais totalement ivre sans avoir bu une seule gorgée d'alcool. J'ai finalement demandé à mon corps ce qui se passait, ce dont il avait conscience ou quelles capacités mon corps avait que je n'avais pas reconnues. (À propos, ce sont là de grandes questions que je te recommande de poser à ton corps.) Ce que j'ai compris, c'est que mon corps avait la capacité de prendre l'alcool du corps des autres. Une fois consciente de cela, je pouvais demander à mon corps de ne pas le faire tout le temps, ou, s'il le faisait, que ce soit facile et léger pour moi. Depuis lors, je n'ai jamais eu de mal à me retrouver autour de personnes ivres. Si je le choisis, je peux dissiper l'alcool dans les corps des autres, ou pas. Maintenant, c'est un choix.

De quoi ton corps et toi êtes-vous capables que tu n'as pas reconnu, que si tu le reconnaissais, cela te donnerait, toi, en totalité ?

Tout ce qui ne te permet pas d'être, savoir, percevoir et recevoir cela, veux-tu bien détruire et décréer ? Merci.

Right and wrong, good and bad, pod and poc, all nine, shorts, boys and beyonds.

Quand tu es conscient de tes talents et capacités, tu peux commencer à les utiliser à ton avantage au lieu d'être la victime de tout ce que tu n'as pas voulu savoir à ton propos.

Chaque fois que tu donnes plus de pouvoir ou de valeur à quelqu'un ou quelque chose qu'à toi-même, tu abuses de toi. Combien de fois tires-tu la conclusion que quelqu'un d'autre sait mieux toi, et alors tu crées des justifications basées sur l'éducation de cette personne ou sa position dans la société ? « Oh, il est médecin, il doit en savoir plus que moi. »

Quelle création de toi utilises-tu pour subordonner, absoudre et résoudre ta conscience et ton choix en faveur des réalités des autres gens que tu choisis ?

Tout cela, veux-tu bien détruire et décréer ?

Right and wrong, good and bad, pod and poc, all nine, shorts, boys and beyonds.

Chaque fois que tu dis que quelqu'un d'autre sait mieux que toi, tu éteins ta conscience, tu te limites et tu limites ta vie.

Savoir ce que tu sais et être conscient de ce dont toi et ton corps êtes capables, te sort de l'abus et t'ouvre les portes du choix infini.

Bienvenue dans cette aventure appelée Toi.

CHAPITRE TREIZE

LA DÉPRESSION, LA GRANDEUR DE TOI

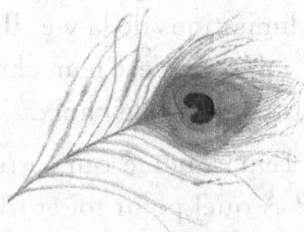

« **T**ant que tu respires, tu peux tout recommencer. » C'est la chanson qui passe alors que je suis en train d'écrire ceci. C'est tellement vrai.

La dépression est l'une des principales raisons pour lesquelles les gens vont consulter un psychiatre ou un psychologue. La plupart des gens se sont sentis déprimés à un moment ou un autre de leur vie. C'est un état dans lequel on a le point de vue que plus rien n'est joyeux et que tout changement est impossible. Ces gens disent qu'ils n'ont même plus l'énergie de faire un pas pour créer quelque chose de différent.

Mes clients disent souvent qu'ils sont victimes de dépression, qu'ils ont tout essayé et que rien ne les a aidés, qu'ils sont trop fatigués pour pouvoir changer leur état. Parfois, je rencontre des clients qui sont si déprimés, qu'ils ont cessé de parler.

Être déprimé est une façon de mourir lentement. C'est un état où l'on a laissé tomber les bras et où on se soumet à la limitation de cette réalité. Un suicide lent. Comment puis-je dire cela ? Et bien, demandez-vous si la dépression est quelque chose qui vous prend ou si les gens choisissent d'être déprimés ? Oui, ils ont choisi d'être déprimés. C'est un mode d'existence passif et c'est un choix actif, bien qu'un choix inconscient. Les gens déprimés choisissent de s'abandonner aux limitations de la vie. Ils ne sont peut-être pas conscients du fait que c'est leur choix. Leur point de vue est plutôt qu'ils n'ont pas le choix.

En lisant ceci, remarque ce qui se passe dans ton univers et ton corps ? À quel point toi et ton corps et toi êtes-vous maintenant conscients de l'énergie de la dépression ? Est-ce une énergie qui t'est familière ? Alors, au lieu de lutter et d'essayer de l'arrêter, abaisse toutes barrières, encore et encore, et sois totalement présent à cette énergie. Donne-toi juste un instant pour être présent à cette énergie. Maintenant intensifie cette énergie et plus encore, et encore une fois, sois-y présent pour un instant, une minute ou quelques minutes ou plus même.

Qu'est-ce qui a changé ?

Je te recommande d'écrire ce qui a changé pour toi après avoir été présent à l'énergie de la dépression pendant un temps. As-tu remarqué que tu as rendu cette énergie plus puissante que toi ? C'est juste une énergie. Alors, est-ce que la dépression est réelle et quelle réalité lui as-tu donnée en t'accordant avec et en t'alignant sur le point de vue qu'elle est réelle ?

Et si la dépression n'était rien d'autre qu'un point de vue intéressant ?

Est-ce que l'énergie de la dépression t'est familière, et est-ce que c'est l'énergie que tu appelles ta vie ? As-tu défini cette énergie comme étant toi ? De nouveau, ton point de vue crée ta réalité. Si tu définis l'énergie de la dépression comme qui tu es, tu te crées comme déprimé. Dis-toi : « Point de vue intéressant que j'aie ce point de vue intéressant », encore et encore.

Les gens que l'on appelle dépressifs sont des gens qui généralement captent la tristesse des autres et tentent de la changer en la prenant pour eux et en la verrouillant dans leur corps. Prendre conscience du fait que tu es conscient de la tristesse des autres peut changer beaucoup pour toi.

La dépression n'a pas de visage précis. Parfois les gens ont l'air heureux, ils semblent heureux, mais ils ne sont pas heureux. En fait, ils sont tristes et tu en es conscient. Combien de fois que t'es-tu donné tort quand les gens avaient l'air heureux et qu'ils souriaient beaucoup alors que tu étais conscient qu'en réalité ils n'étaient pas heureux, tout en pensant qu'il doit y avoir quelque chose qui cloche chez toi d'avoir conscience de leur malheur ?

Et combien de fois as-tu alors pensé que ce malheur était le tien ? Combien de fois t'es-tu donné tort d'être malheureux en leur présence alors qu'ils avaient l'air tellement « heureux » ? Tu es simplement conscient de ce qui se passe réellement en regardant leurs visages qui font semblant d'être heureux. Et si ce n'était pas toi qui étais malheureux ?

Toi et ton corps captez le malheur autour de vous, et si tu ne poses pas de questions, tu gobes ce malheur comme s'il était à toi. Tu penses que c'est toi qui es malheureux et tu te dis à toi-même que tu es malheureux et puis tu cherches des preuves que ton point de vue est réel :

« Tu vois, je fronce les sourcils, donc je suis malheureux. Regarde, j'ai les larmes aux yeux, donc je suis triste. » Tu pourrais demander : « À qui est-ce que ça appartient ? Est-ce vraiment moi qui suis malheureux, où suis-je conscient du malheur de quelqu'un d'autre ? » La plupart du temps, c'est toi qui captes le malheur des autres, tout en pensant et concluant que c'est toi qui es malheureux.

Quand je demande à mes clients s'il y avait quelqu'un de déprimé et de malheureux dans leur entourage durant leur enfance, la plupart de me disent « oui » et certains me disent « non ». Poser plus de questions crée la conscience qu'il y avait effectivement quelqu'un de malheureux, mais qui avait l'air d'être heureux et qui faisait semblant d'être heureux. Reconnaître le fait qu'ils étaient conscients du malheur qui les entourait durant leur enfance, et le fait que cela ne leur appartenait pas, allège leur univers entier.

« Les gens passent leur vie entière à essayer de rendre les autres heureux en prenant pour eux leur malheur et en le verrouillant dans leur corps et se l'approprient ainsi. À quel point fais-tu cela tout le temps, avec tout le monde ? Est-ce là l'énergie que tu utilises pour créer ta vie ? Cela n'a rien à voir avec toi ni la création de ce que tu voudrais vraiment. C'est te créer à travers la réalité des autres. C'est défendre et sauver la réalité des autres tout en ne créant pas la tienne.

Tu ne dois pas te juger pour ça. Combien de gratitude peux-tu avoir pour le fait que tu prends conscience de cela maintenant ? Savoir que c'est ce que tu fais la plupart du temps te donne le cadeau du choix. Tu peux maintenant, à tout moment de ta vie, être conscient de quand tu gobes la réalité des autres comme la tienne et que tu les guéris alors qu'ils ne sont pas intéressés par le changement. Tu pourrais aussi simplement être conscient de ce qui se passe autour de toi, n'avoir aucun point de vue à ce sujet, et commencer à créer ta vie.

Tu as un problème. Tu es fondamentalement une personne heureuse, mais tu le caches à tout le monde, y compris toi-même.

Être conscient du malheur des autres et tenter de les guérir n'est pas une limitation ; c'est une capacité que tu as. Reconnais la grandeur de toi et à quel point tu es conscient, et ta capacité à être heureux. Te sens-tu plus léger ? Souviens-toi que ce qui te rend léger est vrai pour toi. Le simple fait de sentir quelque chose ne le rend pas vrai pour autant. Tu supposes que tout ce dont tu es conscient est une sensation que tu as, et qu'elle t'appartient, pour pouvoir être comme tout le monde, pour pouvoir être aussi malheureux que tout le monde, pour être normal. Où est le fun là-dedans ?

Tout est une question de choix. La dépression est un choix. Si tu choisis d'être déprimé, tu le choisis parce que cela te rend plus heureux que de choisir d'être heureux.

Je n'ai pas compris ça pendant très très longtemps. J'ai cherché la logique, sauf que ce n'est pas logique. J'ai toujours pensé que je devais traverser tous mes « problèmes » pour être heureuse. Je pensais que le bonheur serait quelque chose que je pourrais avoir une fois que j'aurais résolu tous mes problèmes et quand j'aurais compris pourquoi j'étais malheureuse, et quand j'aurais compris les raisons de mon malheur. Sauf qu'il y avait de plus en plus de problèmes à résoudre, parce que j'avais décidé que mon boulot consistait à résoudre les problèmes pour moi, et pour les autres. En choisissant cela comme boulot, plus de problèmes se présentaient pour me permettre de conserver ce boulot. Voilà un choix qui est intéressant !

Je change cela maintenant et je me demande : « Comment puis-je utiliser ce dont je suis consciente comme une source de joie ? Quoi d'autre puis-je choisir maintenant qui changerait tout ? »

Être malheureux et déprimé est un choix et il n'y a rien de mal à faire ce choix. C'est quelque chose qui fonctionne pour la personne pour une raison ou une autre. Reconnaître que c'est un choix crée l'espace où tu peux changer ton choix à tout moment.

Le bonheur est ton état naturel et tu peux le choisir, si tu ne choisis pas contre toi.

Être heureux, c'est être toi.

Si tu es heureux, tu es l'espace où la magie peut surgir. Où tout et tout le monde peut contribuer à toi. Tu réalises que tu ne peux pas être seul. Tu es la vibration qui permet plus de toi et à plus de bonheur de se présenter.

Tu pourrais dire que tu ne sais pas comment être heureux ou changer ta vie. Ce n'est pas une question de « comment ». Choisir quelque chose de différent en faisant une demande que ta vie change, c'est ça qui change tout.

Que dirais-tu de commencer à exiger de toi d'être et de recevoir quelque chose de plus grand, là maintenant ?

Tu as le choix, à chaque instant

Tu as le choix, à chaque instant. Soit conscient du fait que tu as le choix dans tout ce que tu fais, même si c'est marcher jusqu'à ton frigo et choisir de prendre un coca. Tu n'es pas obligé de choisir, tu as la possibilité de choisir. C'est ton privilège de choisir. Le choix est la création de ta réalité. Commence à choisir par incréments de 10 secondes. Que choisis-tu maintenant ? Les dix secondes sont passées. Que choisis-tu maintenant ?

Ce n'est pas une question de faire le bon choix ou le meilleur choix. C'est de faire un choix, quel qu'il soit. Aucun choix n'est meilleur que l'autre, ce sont juste des choix différents. Il faut que tu pratiques cela pour savoir de quoi je parle.

Sors et choisis. Va sentir une fleur. Les dix secondes sont passées, que choisis-tu maintenant, continuer à humer le parfum de la fleur ou autre chose ? Fais cela pendant un temps, pour prendre conscience du fait que tu as le choix, et que tout ce que tu fais et es, est juste un choix, qui n'est ni bon ni mauvais. Cela te permettra de sortir de l'endroit où tu as décidé que tu n'avais pas la capacité de choisir. Choisir, c'est créer, et cela crée le mouvement dans ta vie qui t'amène à plus de joie et à tout ce que tu désires.

Quelle énergie, espace et conscience ton corps et toi pouvez être pour te permettre d'être la joie du choix et la création que tu es vraiment ?

Tout ce qui ne permet pas cela, veux-tu bien le détruire et le décréer ?

Merci.

Right and wrong, good and bad, pod and poc, all nine, shorts, boys and beyonds

CHAPITRE QUATORZE

« DEAD MAN WALKING »[3]

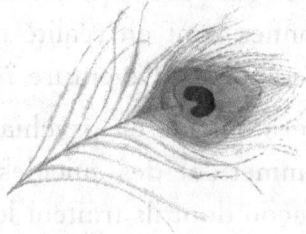

En psychiatrie, beaucoup de gens ont des pensées morbides et suicidaires. Quelques-uns tentent de se suicider. La psychiatrie en Suède a ce qu'on appelle une « tolérance zéro pour le suicide » : aucun suicide ne devrait survenir et les praticiens, qu'ils soient médecins, thérapeutes ou travailleurs sociaux devraient avoir pour but que leurs patients ne commettent pas de suicide. C'est un point de vue qui fixe d'emblée que le suicide est mal et que c'est un échec pour le patient et le praticien. Il y a des points de vue similaires dans d'autres pays.

Vivant dans ce monde, travaillant en psychiatrie et regardant comment fonctionnent les gens, je me suis toujours demandé à quel point les gens vivent réellement.

---

3 Expression utilisée dans les prisons américaines lorsque le condamné à mort marche vers son exécution.

La plupart existent, faisant pratiquement la même chose tous les jours, comme s'ils étaient sur pilote automatique, comme si c'est tout ce qu'il y avait. Leur corps est fatigué, leur tête est remplie de jugements et de conclusions.

Qu'est-ce que cela a à voir avec être vivant ? Dans quelle mesure est-ce que cette énergie est l'énergie d'une mort lente, d'un suicide lent ? Ayant conclu ce qui était possible et ce qui ne l'était pas et projetant cela dans le futur, combien de personnes sont en réalité en marche vers la mort ? Où est la vie ; où est l'aventure ?

On parle de zéro suicide en psychiatrie alors que partout, des gens commettent des suicides lents et pénibles au quotidien : la façon dont ils traitent leur corps, la façon dont ils se traitent les uns les autres, la façon dont ils se coupent de tout ce qu'ils sont quand ils commencent une relation, la façon dont ils essaient d'être « normaux » et comme tout le monde. Ils tirent une conclusion sur ce qui sera plutôt que de demander ce qui pourrait être.

Les gens qui font des tentatives de suicide sont souvent ceux qui passent plus à l'action que les personnes qui nous entourent qui se contentent de s'en sortir et d'exister, qui essaient d'être normales et de survivre. Oui. Survivre. Combien de personnes connais-tu qui ne font rien de plus que de la survie et qui font juste assez pour s'en sortir et rien de plus ?

La lecture de ceci pourrait te déranger, parce que cette perspective ne colle pas avec le point de vue de cette réalité. Et s'il n'y avait de mal en rien ? Et si ce n'était pas un tort de juste vouloir s'en sortir ou de tenter de se suicider ou de vivre ?

Et si il s'agissait de prendre conscience de ce que tu crées dans ta vie et de choisir ce que tu voudrais vraiment ?

Et si tu sortais du mode « mort lente » pour vivre et t'épanouir ?

Tout est l'opposé de ce que cela paraît être et rien n'est l'opposé de ce que cela paraît être.

Qu'est-ce que tu choisis ? La survie ou l'épanouissement ?

CHAPITRE QUINZE

VEUX-TU VRAIMENT CHANGER ?

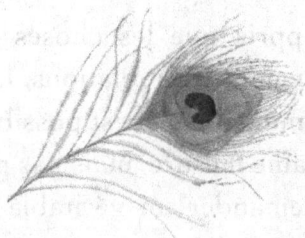

Venons-en maintenant à la partie qui concerne les vrais courageux.

Combien de fois as-tu dit que tu voulais vraiment changer, que tu as essayé toutes sortes de méthodes et que tu t'es retrouvé au bout d'un temps coincé dans les mêmes vieilles habitudes et vieux schémas ? La question est : as-tu vraiment demandé le changement ou voulais-tu juste changer ?

« Vouloir » signifie « manquer »[4], si tu cherches ce mot dans un dictionnaire d'avant 1920. Alors, voulais-tu vraiment changer et as-tu vraiment choisi de changer ou « voulais-tu » (manquais-tu) de changement ?

_____

4 L'explication porte sur le mot anglais « to want ».

J'entends si souvent mes clients dire qu'ils veulent changer, mais la plupart ne sont pas prêts à changer. Le véritable changement implique quelque chose de totalement différent : en comprenant que l'ancienne façon de faire les choses ne fonctionne pas, et en étant prêt à embrasser quelque chose de totalement différent. La plupart des gens veulent une autre version de la même chose. Il n'y a absolument aucun mal à cela. C'est ce qu'on nous a appris.

Nous avons appris que les choses sont comme elles sont ; les comportements, les relations, les gens : tout dans cette réalité est comme c'est. Il est possible de changer tout cela dans une certaine mesure, mais pas plus. Nous n'avons jamais appris à demander un véritable changement pour une réalité différente.

« Différent », ça veut dire lâcher ce qui ne fonctionne pas et s'ouvrir à de nouvelles possibilités qui n'ont jamais existé auparavant. C'est un choix. C'est un choix actif. Certaines personnes attendent longtemps avant de changer ce qui ne fonctionne pas pour elles. Elles attendent de se sentir vraiment mal, que leur corps soit vraiment douloureux, qu'elles soient tellement en colère ou tellement tristes pour réaliser enfin que quelque chose doit changer.

Quelque chose doit changer. C'est avec cette exigence que le changement commence. C'est toi qui es aux commandes. Tu es le capitaine de ton propre navire. Si tu attends un feu vert ou que quelqu'un le fasse à ta place, tu peux attendre longtemps. Est-ce que cela fonctionne vraiment pour toi ? Est-ce qu'attendre est vraiment ton plus grand talent et ta plus grande capacité ? Ou bien est-il temps pour toi de demander une possibilité différente ?

Regarde les gens qui reçoivent tout ce qu'ils désirent. Est-ce qu'ils disent : « Oh, je pourrais peut-être avoir ça, s'il te plaît ? » ou bien exigent-ils de tout ce qu'ils désirent d'apparaître ? Ils le demandent de tout leur être et sont toujours sûrs que cela va apparaître. Que faudrait-il pour que tu choisisses d'être l'énergie de la demande et que tu choisisses de recevoir ?

Oui. Recevoir est un élément majeur de ce jeu. À quel point as-tu eu le cerveau lavé par les idées que le changement prend du temps et beaucoup d'efforts, et que tu ne peux pas tout avoir ? Est-ce que ces idées sont les tiennes ou les points de vue des lois immuables de cette réalité dont tu as été nourri toute ta vie : toutes les choses sont comme elles sont, les choses restent comme elles sont et le changement est une menace.

Et s'il n'y avait pas de mal à cela, et s'il te suffisait de reconnaître que cette réalité et ta réalité sont deux choses différentes. Qu'est-ce qui est plus léger ? Le fait que tout reste immuable avec de légères variations ou que tu peux créer et prendre plaisir à ta réalité, comme tu la désires et où tout peut changer ? Qu'est-ce que tu sais ?

Je n'ai pas dit qu'est-ce que tu *penses* ; ce que ton cerveau dit. J'ai demandé ce que tu *savais*. Ce que tu sais est beaucoup plus rapide que la capacité de ton cerveau à traiter l'information. J'ai demandé ce que tu as toujours su qui était possible, mais que tu ne t'es jamais autorisé à être, parce que tu étais entouré de personnes qui te disaient que ce n'était pas possible. En te débarrassant de tous ces points de vue (les points de vue des autres et de cette réalité sur comment et pourquoi les choses ne sont pas possibles) tu peux recevoir, pour la première fois de ta vie. Recevoir ce qui est vraiment possible pour toi.

Demande et tu recevras. Pose une question et autorise-toi à recevoir. Demande à l'univers de te montrer ce dont tu es vraiment capable. Demande plus d'aisance et de joie dans ta vie. Demande à ce que ta situation financière change et demande ce qu'il faudrait pour cela. Demande des relations fun et du sexe fun. Demande à ton corps de changer et prends-y plaisir.

Quand nous demandons quelque chose de différent, cela apparaît sous la forme sous laquelle ça apparaît et quand ça apparaît. Cela apparaît toujours différemment de ce à quoi tu t'attendais. Si cela apparaissait de la façon dont tu penses que ça *devrait* apparaître, ce ne serait pas une possibilité différente, ce serait juste un léger changement de quelque chose que tu as déjà dans ta vie ; ce serait quelque chose que ton cerveau peut calculer et projeter dans le futur. Ce serait comme de la visualisation, c'est-à-dire que ça ne pourrait jamais être plus grand que la capacité d'imagination de ton cerveau.

Demander une possibilité différente, c'est demander et puis lâcher prise et permettre à l'univers entier de contribuer à toi pour que ta demande puisse apparaître de manière encore plus grande que tout ce que tu as pu imaginer. Ça te dit ?

La seule chose qu'il faut, c'est relâcher tous tes points de vue sur comment et quand cela devrait apparaître et le recevoir quand cela apparaît. Je dis, le *recevoir*, et c'est bien ce que je veux dire. Beaucoup de gens jugent que ce que l'univers leur donne n'est pas assez bien ou pas conforme à leurs attentes. C'est en n'ayant pas d'attentes, pas de jugements ni de calculs que tu peux vraiment recevoir.

Le deuxième ingrédient de la recette du changement, c'est la gratitude pour ce qui apparaît, peu importe la forme et le moment. La gratitude, c'est être dans le laisser-être total de ce qui est. Quand tu es dans la gratitude, tu ne juges pas. Quand tu as de la gratitude pour une personne, tu lui permets d'être ce qu'elle est sans attendre qu'elle change. Quand tu as de la gratitude pour ce que tu reçois, et quand tu as de la gratitude pour ce que tu crées, tu es la contribution qui va permettre de faire grandir encore cela. À partir de l'espace de la gratitude, de la reconnaissance pour ce qui est, tu peux demander plus. Demande :

Et quoi d'autre est possible maintenant ?

Comment est-ce que ça devient encore mieux que ça ?

Chapitre seize

Burn-out ou burn-up ?

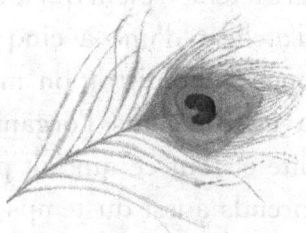

«Oh, mon Dieu, j'ai tellement à faire, je suis super stressé, je pense que je fais un burn-out. » J'entends tellement de gens parler de tout ce qu'ils ont à faire et du peu de temps qu'ils ont pour faire tout ce qu'ils ont décidé qu'ils devaient faire, et à quel point cela les stresse et à quel point ils se sentent mal. C'est familier ?

Nous avons appris que nous sommes capables de faire un certain nombre de choses et si on fait plus que cela, on fait trop, on se fatigue et finalement on devient malade. Et que la limite est différente pour chacun.

Où as-tu mis ta limite ? Combien de projets as-tu en cours avant de décider que c'est trop ?

Est-ce qu'il y a quelque chose de vrai dans tout cela ? Ou, est-ce que ce sont les points de vue que créent les gens qui leur disent quand c'est assez ?

Prenons moi comme exemple. Je travaille comme psychologue clinicienne en psychiatrie. Je rencontre des patients en séance privée ; je dirige des séances de groupe à la clinique, où je fais passer des tests neuropsychologiques. En même temps, j'ai une affaire à temps plein qui implique des voyages et la facilitation d'ateliers d'une à cinq journées. Pour le moment, je fais toute l'administration moi-même : la page web, les contacts avec les clients, l'organisation, les réservations, la comptabilité et tout ce qui fait partie de la gestion d'une affaire. Je prends aussi du temps pour moi, et pour prendre soin de mon corps, le plaisir de visiter différentes villes, danser, sortir avec des amis. Plus j'en fais, plus je suis détendue. Je pensais que c'était le contraire. Je pensais que si je faisais beaucoup de choses, je serais fatiguée ou épuisée.

Les fois où je me suis freinée et où j'ai essayé d'en faire autant ou aussi peu que les autres, j'étais vraiment fatiguée et frustrée.

Maintenant, je demande toujours, « Qui et quoi d'autre puis-je ajouter à ma vie ? » Plus j'ajoute, plus j'ai de projets en cours, plus j'ai d'énergie. Pourquoi ? Parce qu'avoir beaucoup de choses en cours correspond à ma vibration et stimule ma créativité.

Et toi ? As-tu reconnu ce qui fonctionne vraiment pour toi et ton corps, ou gobes-tu les points de vue des autres sur ce qui est possible et ce qui ne l'est pas ?

As-tu déjà eu un projet où tu étais si inspiré que tu y travaillais toute la journée et que tu oubliais de manger ? Tu n'as pas mangé parce que ton corps n'en avait pas besoin. Ton corps a reçu l'énergie dont il avait besoin à partir de l'énergie que tu générais quand tu travaillais à quelque chose qui était fun pour toi. C'est comme avoir un moteur qui tourne longtemps. Il y a le point de vue dans cette réalité que c'est dangereux. Ce n'est pas dangereux tant que tu t'écoutes et que tu écoutes ton corps. Tant que tu sais quand c'est le moment de continuer à travailler et quand c'est le moment d'aller courir ou marcher dans la nature, quand c'est le moment d'aller dormir et quand c'est le moment de manger.

Ton corps sait ce qu'il requiert et te le fera savoir quand tu commences à lui demander. Ce qui est léger pour toi est juste. Il n'y a rien que tu puisses faire de travers dans ce jeu. Commence par choisir quelque chose et regarde comment ça se passe. Sois conscient de toi-même et si cela est léger, alors continue. Si ce n'est pas léger, alors choisis quelque chose d'autre. Facile ? Trop facile ?

Qui et quoi d'autre peux-tu ajouter à ta vie ?

Le concept du burn-out, c'est qu'il y a un manque d'énergie. Il n'y a pas de manque d'énergie. Il y a juste des points de vue qui ne te permettent pas d'accéder aux énergies qui sont disponibles. Es-tu conscient que ton corps a suffisamment d'énergie dans les mitochondries des cellules pour faire tourner une vie de la taille de San Francisco pendant trois mois ? Voilà toute l'énergie qui est disponible dans ton corps. Et pourtant, tu agis comme si tu devais être fatigué tout le temps. Accèdes-tu jamais à toute ton énergie ?

Le fait d'être fatigué et d'avoir une énergie limitée est un point de vue qui crée une limitation. Et si tu demandais à ton corps quand et combien de temps il doit dormir ? Cela peut être différent tous les jours, pourtant, nous avons appris que nous avons toujours besoin de 6 à 8 heures par nuit. Et puis les gens se demandent pourquoi ils se réveillent en plein milieu de la nuit, incapables de dormir. Et bien, si tu demandais à ton corps s'il a besoin de plus de sommeil ? Sinon, lève-toi, lis et profite de la nuit et de son calme. C'est alors que viennent grandes idées.

Quand tous les autres dorment, c'est le moment de demander :

Quel futur est-ce que j'aimerais générer et créer ? Qu'est-ce qui est vraiment possible pour moi que je n'ai pas reconnu ?

Pendant que les autres dorment et que leurs pensées sont tranquilles, c'est plus facile pour toi d'accéder aux plus grandes possibilités dont tu es conscient, pour toi et pour ta vie. Demande :

Qu'est-ce que tu voudrais créer d'autre encore qui fait chanter ton cœur ?

S'il n'y avait pas le manque et les limitations, qu'est-ce que tu voudrais ajouter à ta vie ? Et si tu n'avais pas besoin de choisir soit la famille, soit une carrière, soit ceci, soit cela ? Et si tu pouvais tout avoir et que cela fonctionne ? Et si tu ne devais pas tout faire toi-même ? Qui d'autre peux-tu ajouter à ta vie qui contribuerait à toutes les choses que tu veux créer, et si cela était une contribution pour ces personnes aussi ? Ajouter à ta vie ajoute de l'énergie et quand tu commences à choisir, cela crée la conscience de ce qui fonctionne pour toi et de ce qui ne fonctionne pas pour toi.

Quelle énergie, espace et conscience ton corps et toi pouvez-vous être pour être la source créatrice que vous êtes vraiment ?

Tout ce qui ne permet pas cela, veux-tu bien le détruire et décréer ? Merci.

Right and wrong, good and bad, pod and poc, all nine, shorts, boys and beyonds.

CHAPITRE DIX-SEPT

LES RELATIONS – TA MORT À PETIT FEU ?

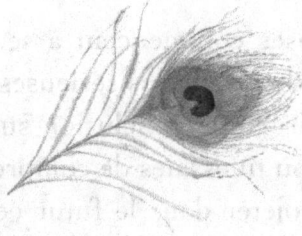

Comment fonctionnent les relations pour toi ? Si tu es l'un de ces veinards qui savent comment faire fonctionner les relations, tu n'as pas besoin de lire ce chapitre. Si tu fais partie des 99 % autres pour cent et si tu te demandes si ça marchera jamais un jour, alors je te recommande de poursuivre ta lecture.

Savais-tu que la définition de la relation, c'est la distance entre deux objets ?

Deux personnes se rencontrent, elles sont toutes deux heureuses et s'inspirent mutuellement, ayant envie de quelque chose de plus grand, elles ont des papillons dans le ventre quand elles pensent l'une à l'autre, heureuses de se retrouver, sauf que... Bon, et bien, tu sais... Combien de temps est-ce que cela dure généralement avant que tu te demandes ce qui a bien pu se passer ? Où est la joie ? Où est cette légèreté qu'il y avait là avant ? Les discussions

commencent, les deux parties se disputent pour avoir raison et se donnent mutuellement tort. Les deux essaient de
se faire rentrer dans une boîte appelée relation. Les choses
commencent à se dégrader. Nous avons appris que c'est une
phase normale dans les relations qui commencent à devenir
sérieuses.

C'est drôle comme les gens parlent de relation
« sérieuse ». Entrons-nous en relation pour être sérieux ?

Quand les choses commencent à se dégrader, c'est le
moment où tu rends les choses sérieuses et importantes et
où tu essaies de tirer une conclusion sur la direction que
prend la relation, où tu essaies de comprendre de quoi cela
aura l'air et de projeter dans le futur ce qui va se passer.
Est-ce là le point où tu essaies de comprendre si la personne
est la bonne personne pour toi et si elle correspond à tes
attentes ?

Remarque qu'en lisant ces dernières phrases, l'énergie
légère a disparu. C'est exactement ce qui se passe quand
tu commences à réfléchir, quand tu vas dans ta tête, pour
comprendre et projeter dans le futur ce qui va se passer
avec cette personne. Tu te sépares de la joie que vous étiez
ensemble. À quel point as-tu gobé le point de vue que cette
phase est normale et qu'elle fait partie intégrante d'une
relation et qu'elle est nécessaire ? Est-ce bien vrai ? Est-ce
que c'est léger ? À qui appartient ce point de vue ? Est-ce
vraiment ton point de vue ? Quoi d'autre est possible ?

Les premières questions que tu peux te poser pour avoir
plus de clarté dans ce domaine, c'est : « Vérité, est-ce que
je désire vraiment une relation ? » T'es-tu jamais posé cette
question ? Ou as-tu supposé que tu voulais une relation ? À
quel point as-tu été entraîné au point de vue que tu es censé
avoir une relation parce que tout le monde à ce même point

de vue et essaie de le faire marcher ? Est-ce pour toi une nécessité d'avoir une relation ? Partout où nous avons la nécessité d'avoir quoi que ce soit, nous devons en quelque sorte lutter contre tout cela pour y parvenir. Où est le choix ? Que voudrais-tu vraiment ?

Qu'est-ce qu'une relation pour toi ? Avec qui voudrais-tu avoir une relation qui serait effectivement une contribution à ta vie ? À quoi ressemblerait cette relation ? Qu'attends-tu exactement de l'autre ? Qu'est-ce que l'autre attend exactement de toi ? La plupart des relations sont basées sur une insanité commune. Ce sont des mots durs ? Et bien, regarde autour de toi. Combien de relations vois-tu où les deux sont vraiment heureux ; où ils sont tous deux eux-mêmes et où ils contribuent mutuellement à l'expansion de leurs vies ? Pas tant que ça ?

La plupart des gens se coupent du meilleur d'eux-mêmes, justement de ce qui attiré l'autre au départ, pour se faire rentrer dans la boîte appelée relation et pour pouvoir exister ensemble. Est-ce que ça te suffit, ou tu veux plus ? Et si tu pouvais choisir comment tu aurais envie de créer ta relation ?

Au lieu de te noyer dans le fantasme qu'un jour tout ira bien et que ton partenaire te comprendra et sera et fera ce que tu veux, tu pourrais commencer aujourd'hui à transformer totalement la relation. Comment ? En te demandant : « Alors, quelle part de cette relation fonctionne vraiment pour moi et quelle part ne fonctionne pas ? » Pour les parties qui ne fonctionnent pas, demande-toi si tu peux les changer, et si oui, comment tu peux les changer.

Quand tu rénoves ta maison, tu fais la même chose. Tu fais le tour et tu vérifies tous les éléments de la maison pour voir ce que tu as envie de garder ou pas, et ce qui doit être rafraîchi. Bon, quand une autre personne est impliquée, cela veut dire qu'elle peut aussi choisir ce qu'elle voudrait changer ou pas. Si tu veux changer quelque chose et que cela ne les intéresse pas de changer cela, c'est à toi d'être dans le laisser-être de cela et de te demander si tu peux vivre avec ça.

Pose des questions pour obtenir toutes les informations pour savoir exactement quel genre de relation tu voudrais et demande à ton/ta partenaire ce qui fonctionne pour lui/ elle. Ensuite, demande-toi si ce que ton/ta partenaire veut pour la relation peut vraiment fonctionner pour toi. Ne t'attends pas à ce que l'autre change ou désire la même chose que toi. C'est ça être pragmatique.

J'ai une amie qui est mariée et dans sa chambre à coucher, son mari a un gros coussin confortable sur lequel il aime se coucher et il ne le range jamais. Il le laisse juste devant le lit. Mon amie est tombée à maintes reprises sur ce coussin pendant la nuit quand elle se lève pour aller aux toilettes. Elle a demandé des milliers de fois à son mari de penser à ranger le coussin avant d'aller au lit et en général, il oublie. Cela faisait des années que cela durait.

Après toutes ces années, elle a appris à ne plus s'en préoccuper et elle sait qu'il y a de grandes chances que son mari ne rangera pas le coussin. Elle sait que c'est quelque chose qu'il ne changera pas et elle est dans le laisser-être de cela, alors elle a posé la question de savoir comment faire en sorte que cela fonctionne pour elle. Elle a réalisé qu'au lieu de se mettre en colère ou de créer le point de vue que son mari ne pense pas à elle, elle se rappelle de le ranger elle-même.

Qu'est-ce qu'une super relation ? C'est celle où tu restes toi. Une super relation, c'est quand les deux partenaires sont dans le laisser-être de l'autre. Où toi et ton partenaire n'attendez pas que l'un assouvisse les besoins de l'autre. Où tu laisses l'autre être qui il est et faire ce qu'il désire et où il te laisse faire ce que tu fais, et être qui tu es et désires.

Remarque le passage « être et faire ce que tu désires ». Sais-tu seulement ce que tu désires dans la vie ? Ou cherches-tu une réponse chez l'autre ? Comment est-ce que ça fonctionne pour toi ?

Une super relation, ça commence par toi. Te faire confiance, t'honorer, être dans le laisser-être de toi-même, avoir de la gratitude pour toi-même, être vulnérable. Vulnérable, ça veut dire que tu n'ériges pas de barrière qui t'empêche de recevoir, que tu ne te défends pas, que tu es toi. Tu peux ressentir ça quand tu t'allonges dans l'herbe jusqu'à ne plus sentir de séparation entre toi et la terre, quand tu reçois la contribution que la moindre molécule veut être pour toi. Oui, chaque molécule veut contribuer à toi et tout ce que tu as à faire, c'est recevoir.

La plupart des gens préfèreraient attendre que la bonne personne apparaisse et ont déjà décidé que cette personne devrait contribuer à eux. Et si tu pouvais recevoir l'univers entier plutôt qu'une seule personne ? Et si tu pouvais recevoir toute contribution comme elle vient sans avoir de point de vue sur la façon dont elle apparaît ? Et si pour chaque personne, quoi qu'elle fasse ou dise, tu pouvais demander :

Quel cadeau cette personne est-elle pour moi que je n'ai pas reconnu ? Quelle contribution cette personne, cette situation peuvent-elles être pour moi et mon corps ?

Qu'est-ce qui serait possible pour toi alors ?

Quand c'est le moment de tourner la page

À ce stade du livre, deviens-tu plus conscient de combien tu as gobé le tort de toi toute ta vie ? Toutes les étiquettes – dépression, anxiété, trouble de la personnalité – sont des façons de décrire à quel point tu as tort. Ce sont des conclusions qui te convainquent qu'il y a quelque chose qui cloche chez toi et que tu ne fais pas partie de l'équipe gagnante des gens « sains d'esprit. » (Je me suis toujours demandée où étaient ces gens. Où sont les gens sains et normaux ? Si tu en rencontres, je t'en prie, dis-moi où. Jusqu'à présent, je n'ai trouvé que des gens qui tentent désespérément d'être normaux et qui font l'impossible pour rentrer dans le moule.)

Es-tu conscient d'à quel point tu te contrôles pour ne pas sortir de la boîte, pour ne pas danser sur un autre rythme ? Et combien tu contrôles ton corps et ton être ; quelle part de ta vie éteins-tu ? Pas étonnant que les gens deviennent déprimés vu la quantité d'énergie qu'ils répriment et contrôlent dans leur corps et leur être. Pas étonnant que les gens créent des douleurs, de la souffrance, et des tensions dans leurs muscles. Si tu passes toute ta vie à travailler dur pour ne pas être toi, et même encore plus dur pour rentrer dans le moule qu'on t'a fourni comme étant cette réalité, c'est évident que tu vas devenir dingue.

Combien de ton insanité crées-tu pour tenter d'être normal ?

Quoi ? Je sais que tout cela n'a aucun sens logique. Je te dis que l'insanité et la maladie mentale n'ont absolument rien de logique. La majorité des douleurs et de la souffrance des gens ne sont ni cognitives ni logiques ; elles sont créées à un moment donné pour une raison dont les gens ne se souviennent pas. Et la raison pour laquelle ils souffrent n'a même pas de sens. De nombreuses modalités recherchent la cause, comme cela allait changer le problème.

Est-ce que cela a déjà changé quoi que ce soit pour toi de trouver pourquoi tu souffres ? Rechercher la raison, c'est rechercher ce qui cloche dans ta tête, dans ton esprit. Mais qu'est-ce qui a créé le problème au départ ? Oui, tes pensées, tes cognitions, ton esprit. Alors, essayer de comprendre pourquoi tu as un problème, c'est comme chercher la solution à l'endroit où tu l'as créé. Intéressant. C'est là que les gens se perdent dans leur propre tête.

Si tu n'essayais pas de sortir de tes problèmes en réfléchissant, de quoi pourrais-tu être conscient ?

Qui a créé le problème ? Quand tu commences à reconnaître que c'est en fait toi qui as créé le problème, tu as l'occasion de choisir à nouveau. N'est-ce pas là une excellente nouvelle ? Tu as créé le problème au départ, ce qui veut dire que c'est toi aussi qui peux le décréer. Alors, si tu ne gobais pas le tort de toi, si tu ne pensais pas que tu es faible et pathétique, de quel potentiel de changement pourrais-tu être conscient ?

De quoi es-tu vraiment capable que tu n'as pas encore reconnu ?

Et si tu pouvais changer tout ce que tu veux dans ta vie ? Tout ? Commence par poser des questions. Choisis un domaine de ta vie et demande : « Univers, que faudrait-il pour que cela change et devienne plus grand et plus aisé que j'ai jamais pu imaginer ? » Et si ton boulot, c'était simplement de demander et de permettre à l'univers de contribuer à toi ? Facile ? Oui.

Alors, combien de ton insanité et de ta maladie mentale as-tu créé pour rentrer dans le moule de cette réalité ? La maladie mentale et l'insanité sont des créations ; elles ne sont pas réelles. Cela veut dire que tu ne corresponds pas à la norme et que le fait que tu ne correspondes pas à la norme est un tort. Alors, pour rentrer un tant soit peu dans le moule, tu te crées comme mentalement dérangé. Alors, qui es-tu vraiment que tu n'as jamais reconnu ?

Et si au lieu de t'attarder sur le passé et d'être triste à cause de la façon dont tu as été traité, pourrais-tu te traiter comme tu aurais dû être traité ? Et si tu étais toi le/la partenaire de tes rêves, comment te traiterais-tu ? Et si tu étais toi ton meilleur amant, que choisirais-tu ?

CHAPITRE DIX-HUIT

LE BONHEUR, C'EST JUSTE UN CHOIX

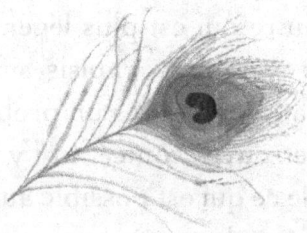

Le titre de ce chapitre peut paraître provocant si tu es convaincu que le bonheur n'est accessible qu'à des personnes très privilégiées sur cette planète et que tu ne fais pas partie de ces heureux élus. As-tu décidé que le bonheur n'est pas un choix que tu as ? Combien de raisons et de justifications as-tu pour te convaincre que le bonheur n'est pas possible pour toi ? « Mon enfance, mes parents, mon corps, ma situation financière, mon ci, mon ça…, » Qu'as-tu décidé qui t'empêche d'être heureux ?

Et si le bonheur était juste un *choix* qui est à ta disposition ? Et si pouvais exiger de :

Quel qu'ait été mon passé, quoi que j'aie décidé que je suis, je laisse partir tout cela pour ouvrir la porte à moi-même, au bonheur que je suis vraiment.

Chaque fois que quelque chose apparaît dans ta vie qui n'est pas légère, choisis à nouveau. Oui. Choisis simplement et rectifie la trajectoire. Mets le « bonheur » dans ton GPS et prends la prochaine route pour y arriver. Nous avons appris à réparer les problèmes, à les gérer et les résoudre. Et si au lieu de cela, tu posais une question comme : « Est-ce que je peux changer ça ? » Si tu reçois un « non », rectifie le tir et prends une autre route, choisis quelque chose d'autre qui est plus léger. Pourquoi réparer ce qui n'est pas réparable – choisis simplement quelque chose d'autre. Quand tu répares un problème qui n'est pas réparable, tu t'y retrouves coincé, tu t'y perds, et tu éteins toute conscience de ce qui est possible au-delà du problème. Au lieu de cela, demande :

Quoi d'autre est possible ici ? Qu'est-ce que je peux choisir d'autre qui me permette de continuer à avancer ?

Quoi que ce soit qui se présente à toi qui est léger et une possibilité différente qui correspond à l'énergie de ce que tu préfèrerais, choisis cela. Oui, c'est insolemment facile. Combien de ta vie as-tu passé à réparer tes problèmes et ceux des autres ? Et quel a été l'effet direct de cela ? Est-ce que cela a créé ce que tu désires ou est-ce que cela t'a poussé un peu plus profondément dans le terrier ? Combien de fois as-tu suivi cette routine ? Le moment est-il venu de changer d'habitude ? Pourquoi continuer ce qui ne fonctionne pas au lieu d'essayer quelque chose de totalement différent, même si la plupart des gens considéraient cela comme idiot et inconvenant ? Fais ce qui fonctionne pour toi.

Passe ta vie en revue et regarde le nombre de fois où tu as choisi quelque chose qui était juste pour toi même si les gens autour de toi avaient le point de vue que c'était totalement idiot et inconvenant. Est-ce que ce choix a rendu ta vie plus grande et meilleure ou plus petite et pire ?

Choisir ce qui est juste pour toi, ce qui te rend léger et allège ton univers expansera ta vie parce que cela correspond à la vibration de qui tu es vraiment en tant qu'être. Cela correspond à ce que tu voudrais créer. Tu es la conscience incarnée. La vibration que tu es vraiment est légère, joyeuse, et paisible. Tout le reste ne sont que les limitations que tu as rendues réelles. N'est réel que ce que tu as rendu réel et ce sur quoi tu t'es accordé et aligné ou ce à quoi tu as résisté ou réagi.

Être heureux est un choix qui est à ta disposition tout le temps.

As-tu remarqué que les seules fois où tu as des problèmes, c'est quand tu ne reconnais pas ton potentiel à changer ce qui se passe ? Te rends-tu moins puissant que ce que tu n'es vraiment et est-ce que tu acceptes le fait que tu as un problème et que tu ne peux pas le changer ? Tu peux changer cela instantanément en posant une question.

Quels autres choix et possibilités sont-ils à ta disposition ? Cette question à elle seule ouvre une nouvelle porte à un endroit où tu pensais qu'il n'y avait pas de porte. Cela te donne la conscience de quelque chose de différent. Tu ne vas pas avoir une image et un mot ou une phrase ou quoi que ce soit. Cela te donne une sensation qu'il y a autre chose. Une conscience d'une énergie probablement au-delà des mots. La seule chose que tu aies à faire, c'est choisir ce qui correspond à cette énergie pour créer quelque chose différent dans ta vie.

Fais-le. Plus tu le feras, plus ce sera facile pour toi. Tu ne peux rien faire de travers.

Les gens ont généralement un domaine de leur vie où ils se perçoivent comme coincés : leurs finances, leur relation, leur corps, les affaires. Quel est le domaine de ta vie où tu as décidé que tu avais un problème que tu ne peux pas changer ? Quand tu décides que tu as un problème, tu vas chercher les preuves qui vont démontrer que tu as un problème. Tu cherches les justifications pour rendre des problèmes réels et solides. C'est comme cimenter ce que tu as décidé qui était ton problème et puis ajouter des briques chaque fois que tu acceptes le point de vue que tu as un problème.

Si tu décides que tu as des problèmes d'argent, chaque fois que tu regardes ton compte en banque tu dis : « Oh mon Dieu, j'ai si peu d'argent, je ne pourrai pas payer mes factures ». Si tu décides que tu as des problèmes avec ton partenaire, tu dis : « Tu vois, il n'a de nouveau pas sorti les poubelles, il s'en fout de moi. » Si tu décides que tu as des problèmes avec ton corps, tu cherches ce qui ne va pas avec ton corps. Ce sont là tous les endroits où tu ne poses pas de questions et où tu décides que tu as un problème et puis tu te convaincs que c'est effectivement un problème et qu'il ne peut pas changer.

Les domaines que les gens appellent leurs problèmes sont exactement les endroits où ils ne posent pas de questions. Alors, dans quels domaines de ta vie ne poses-tu pas de questions et où tu as déjà décidé que c'était sans espoir ? Et si tu commençais à poser des questions sur tout ce qui n'est pas léger et qui n'est pas comme tu le désires ?

Pose ces quatre questions :

Qu'est-ce que c'est ?

Qu'est-ce que j'en fais ?

Est-ce que je peux le changer ?

Comment est-ce que je peux le changer ?

Ces quatre questions peuvent changer n'importe quelle situation. Le but n'est pas de trouver des réponses à ces questions. Mais bien de t'ouvrir à plus de conscience pour que tu puisses regarder avec une perspective différente la situation dans laquelle tu te trouves. Au lieu de conclure : « Je suis tellement coincé, je suis tellement nul, je suis tellement triste », demande ce que c'est, si tu peux le changer, et comment tu peux le changer.

Une fois que tu as demandé si tu peux le changer, tu recevras parfois un « non ». Cela te permet d'être plus en paix et plus détendu : savoir que tu peux juste laisser être les choses comme elles sont, et arrêter de te casser la tête à changer ce qui ne peut pas être changé pour le moment.

Quand je travaille avec mes clients, j'ai toujours ces quatre questions en moi. Les clients racontent leurs problèmes et dans ma tête je demande « Qu'est-ce que c'est ? Qu'est-ce qu'on fait avec ça ? Est-ce qu'on peut changer ça ? Comment est-ce qu'on peut changer ça ? » Après chaque question, j'attends la conscience. La conscience n'est pas une réponse ; c'est une énergie, comme une porte qui s'ouvre et qui me permet de savoir où aller ensuite.

Et si la vie c'était autre chose que de faire face à des problèmes et être tolérant face à la souffrance et que c'était plutôt profiter de la vie et d'être soi ? Combien pourrais-tu générer et créer de plus si tu étais la joie de toi ? Combien d'aisance aurais-tu en plus ?

Es-tu prêt à avoir cela ? Es-tu prêt à dire adieu à l'ancien paradigme du « solutionniste » et « tolérator » de la merde pour être le terminator de la merde ? (Impossible de résister à ce jeu de mots !) Et si tu ajoutais une nouvelle habitude – profiter de la vie et choisir la routine légère ?

C'est OK d'être heureux. Tu peux t'asseoir et profiter.

CHAPITRE DIX-NEUF

EST-CE VRAIMENT LA MAJORITÉ QUI L'EMPORTE ?

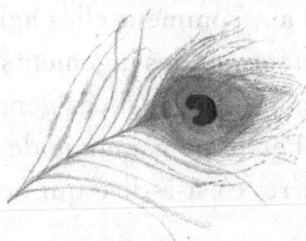

Jetons un œil sur un concept qui occupe une grande part de cette réalité : la majorité l'emporte. Cela implique qu'une majorité numéraire ou un groupe détient le pouvoir de prendre des décisions qui sont contraignantes pour tous au sein du groupe. Retournons un instant dans le monde du diagnostic, qui est une grande part des soins de santé. Le praticien est obligé de diagnostiquer chaque patient qui vient en consultation. Ses symptômes sont catégorisés en boîtes qui portent des noms que l'on appelle diagnostics.

Sur quoi sont basés ces boîtes, ces diagnostics ? Tout le système de catégorisation est basé sur l'idée que la majorité l'emporte. La façon dont la majorité de la population vit et se comporte, pense et se sent est considérée comme normale. C'est la fameuse « norme » à laquelle on compare tout le reste.

La comparaison est basée sur le jugement. Tu regardes une personne et tu juges si elle entre dans le cadre de la norme ou non. Puis, tu arrives à une conclusion. Voilà l'équation selon laquelle la plupart des gens vivent tout le temps. Tu entres dans un café et tu cherches une place où tu aurais envie de t'asseoir sur la base des informations que tu captes à propos des personnes qui sont dans le café, de quoi elles ont l'air, comment elles agissent, si elles sont seules ou non, et tu formes des jugements et des conclusions sur ce dont tu es conscient et si ces gens sont conformes à la norme ou non. Personne n'a envie de s'asseoir à côté de quelqu'un de bizarre, c'est-à-dire qui ne correspond pas à la norme.

Partout et chaque fois que les gens interagissent, ils jugent les autres et eux-mêmes pour agir, ressembler, penser et se sentir conformément à la norme. C'est ainsi que la réalité est créée. Au moins deux personnes s'accordent et s'alignent avec un point de vue et elles le créent comme réel et il devient leur réalité. Elles créent ce point de vue suffisamment solidement pour l'utiliser comme point de référence pour juger d'autres points de vue bons ou mauvais. Plus il est solide, plus il paraît réel pour les gens. Et il devient « la chose ». Quelle que soit cette « chose », elle devient plus réelle que tout le reste. Elle devient la directive, le standard. Tout ce qui n'y correspond pas ne peut même pas entrer dans la conscience des gens parce que c'est trop différent. C'est là comme énorme éléphant. C'est la création des limitations.

En cherchant une place dans un café, tu vas te concentrer sur les gens qui sont conformes au standard, les normaux. Et s'il y avait des gens qui ne correspondaient pas à la norme, mais que s'asseoir à côté d'eux et leur parler t'inspirerait à changer le monde ?

Beaucoup de gens qui recherchent un partenaire cherchent un général la même personne avec qui ils étaient avant, mais dans un autre corps, parce que ces gens correspondent à leur standard. C'est familier. Ils créent sans cesse les mêmes problèmes pour essayer de maintenir le genre de vie qu'ils ont jugée normale.

Qu'as-tu jugé de normal qui maintient tes limitations ?

Tout cela, veux-tu bien détruire et décréer ? Merci.

Right and wrong, good and bad, pod and poc, all nine, shorts, boys and beyonds.

Et si tu pouvais être la question qui te permet de percevoir des possibilités plus grandes à tout moment ?

Remarque comment cette dernière question était beaucoup plus légère que la première partie de ce chapitre ? Une fois de plus, ce qui te rend léger est vrai. Facile. Et si tu pouvais poser une question chaque fois que toi ou quelqu'un d'autre te présente sa « chose » et que cela te rend si lourd. Demande : « Quel est le mensonge ici, verbalisé ou non ? » Dès que tu repères le mensonge, tu n'y es plus attaché et tu es libre. Tu n'y penses plus.

La majorité l'emporte. Lourd ou léger ? Et si la « majorité l'emporte » était juste un point de vue intéressant ? Ni bon ni mauvais, rien qui ne suscite de réaction ou de résistance, d'accord ou d'alignement, juste un point de vue intéressant.

L'autre jour, j'étais dans un magasin pour acheter de la lingerie et j'ai pris une pièce qui était dans la taille que je porte habituellement. Je l'ai regardée et je me suis dit : « Mmm, c'est un peu grand pour ma taille, qu'est-ce que c'est ? » La vendeuse m'a regardé et a répondu à ma question non verbale : « Ce n'est pas votre taille, Madame. Prenez la taille en dessous, nous avons changé tous nos vêtements pour correspondre aux standards européens, ce qui veut dire que tout le monde a perdu une taille. »

C'est drôle non ? Tout le standard vestimentaire et les tailles ont changé parce que les gens sont devenus plus gros et maintenant, nous avons un nouveau standard. J'étais Medium et maintenant je ne suis plus dans la moyenne ; je suis sous la moyenne. N'est-ce pas comique ? Et assez intelligent en fait. Autant de personnes qui vont se sentir mieux dans leur peau si elles ont perdu une taille de vêtement sans rien faire. Un excellent moyen de faire acheter plus aux gens.

C'est juste un point de vue intéressant et non réel. Tout peut changer.

Ce qui est normal et pas normal dans cette réalité est basé sur la distribution normale qui est dictée par la majorité. Sur la courbe en cloche, 68 % se trouvent au milieu et sont considérés comme normaux et dans la moyenne, et le reste est soit sous la moyenne ou au-dessus de la moyenne. Les gens tentent de trouver leur place dans cette réalité par rapport au mode de fonctionnement de la majorité. Certaines personnes se placent au milieu, là où est la majorité, et d'autres choisissent d'être plus grands, et d'autres plus petits. Oui, c'est un choix.

Où te places-tu dans le schéma de cette réalité ? Te places-tu au centre où la majorité se trouve, ou te rends-tu plus petit ou plus grand ?

Observe les différents domaines de ta vie et où tu te situes dans ces domaines. Peut-être t'autorises-tu à être plus grand que la plupart des gens dans le domaine des relations et moins que la plupart des gens dans le domaine de l'argent. Ou l'inverse.

Je t'invite à prendre conscience du fait que les gens calculent constamment ce qu'il est normal d'avoir et d'être. Combien d'argent est-il est normal et dans la moyenne d'avoir ; combien de succès en affaires est-il est normal d'avoir ; combien d'enfants, etc. Et puis, ils calculent où ils veulent être par rapport aux idéaux de cette réalité. Combien de choix cela te laisse-t-il ? Pas beaucoup. T'es-tu déjà demandé ce que tu voudrais être et créer comme vie qui pourrait ne pas correspondre aux idéaux de cette réalité ?

Qu'est-ce qui te rend heureux qui pourrait ne pas être normal ?

Si tu passes ta vie à essayer de rentrer dans le moule pour être normal, tu ne sauras jamais ce qui te rend heureux. Et si toi et ta réalité étiez même bien au-delà de la maximisation de cette réalité ? Complètement hors échelle. Combien de choix et d'accès à la grandeur de toi aurais-tu alors ?

Trouver ta place dans cette réalité avec une maladie mentale

La maladie mentale est un moyen de se placer sous la portion moyenne de la courbe en cloche, mais toujours dans le champ de la normalité. La maladie mentale est une façon de rentrer dans le moule, un moyen de trouver sa place dans cette réalité. Cela crée un univers conflictuel où l'on apprécie d'être différent, mais où l'on n'est pas prêt à être trop différent, ce qui crée de la résistance par rapport à être trop différent et une raison et justification pour rentrer dans le moule malgré tout.

La résistance à être totalement différent et se forcer à rentrer dans le moule crée beaucoup de souffrance et de douleur psychologique et physiologique. Les gens qui ont une maladie mentale ont une façon de défendre cette réalité et ce que les personnes pensent être.

Par exemple, le TDAH, le TOC, l'autisme et la bipolarité sont des façons de s'écarter le plus possible de là où fonctionne la majorité sans devenir totalement fou. Ce sont des choix que les gens font pour donner l'impression qu'ils sont handicapés. En fait, en reconnaissant et recevant leurs capacités, ils pourraient aller au-delà de l'échelle, et être et recevoir la grandeur qu'ils sont vraiment.

Pour rendre la santé mentale réelle, de combien de conscience dois-tu te couper pour t'accorder et t'aligner avec ce point de vue ? Il est intéressant de noter que les gens supposent que parce que beaucoup de gens se comportent d'une certaine façon, c'est bien. Combien d'énergie dois-tu utiliser chaque jour pour faire de cela ta réalité ?

Capte cette énergie, maintenant. Connecte-toi à ton corps en inspirant profondément et en expirant, de la tête vers tes orteils, et capte l'énergie que tu verrouilles dans ton corps pour te rendre normal. Et maintenant, demande :

Quelle énergie, espace et conscience, moi et mon corps pouvons-nous être pour utiliser cette énergie pour être moi et créer ma vie ?

Maintenant que tu as posé cette question, perçois l'énergie. Est-ce différent ? Il n'y a pas de bonne façon de te sentir. Permets-lui simplement de changer ton monde. Tu pourrais envisager de laisser tomber ton besoin de contrôler ta vie et toi-même. Lâcher le contrôle... Qu'est-ce que ton corps en dit ? Entends-tu ses cris de joie ?

Et si être hors du contrôle était la façon pour toi de reprendre le contrôle total ? Être hors du contrôle signifie être totalement conscient et recevoir toute l'information à tout moment. Cela te permet de savoir quels pas franchir et quand créer ta réalité, puisque tu n'essaies plus de comprendre avec ton cerveau ce qui est juste et ce qui ne l'est pas, ce qui est bien et ce qui est mal. Demande :

Que faudrait-il pour que je sois totalement hors de contrôle, hors de forme, structure et signification ?

C'est l'endroit où tu peux être tout et te créer nouveau et différent tout le temps. Le choix total. C'est fun ?

Quelles grandes et glorieuses aventures t'attendent-elles ?

CHAPITRE VINGT

« L'ESPAÇOPHOBIE » — ÉVITES-TU L'ESPACE ?

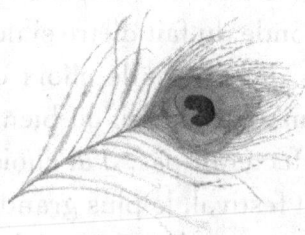

Je me suis bien amusée l'autre jour, comme tous les jours d'ailleurs. J'étais dans mon appartement et je n'avais rien de spécial de planifié et j'ai pris conscience que je n'avais pas vraiment besoin d'aller où que ce soit. Il n'y avait dans mon monde aucun besoin de faire quoi que ce soit ou de voir qui que ce soit. Pas besoin d'une délicieuse nourriture. Pas même le besoin de remplir l'espace de pensées. Juste de l'espace et pas de besoin.

Une conscience m'est apparue : « Waouh, à quel point cet espace est-il l'espace que les autres évitent ? L'espace que les gens remplissent de pensées, d'émotions, de sexe, de relations ou de quelque chose à faire ? » Cet espace est trop inconfortable pour la plupart des gens, parce qu'il n'y a aucune nécessité, aucune norme ou point de référence qui te dit où tu dois aller ou ce que tu dois faire. L'espace de choix total. L'espace où tu peux créer ce que tu as vraiment envie.

Juste pour le fun, le mot « espaçophobie » m'est venu. L'espace que la plupart des gens évitent comme la peste de toutes les façons possibles au point qu'ils deviennent phobiques de cet espace.

Un autre jour, j'étais à un festival équestre et il y avait tant de monde que je pouvais ressentir l'irritation qui montait chez tout le monde du fait d'être si nombreux au même endroit. Je savais que j'avais le choix de me noyer dans cette irritation et m'irriter aussi, ou bien d'être l'espace où l'irritation ne m'affecterait pas. J'ai choisi d'expanser mon énergie au-delà du festival, le plus grand possible et de me connecter aux chevaux, à la nature, à la terre, aux arbres, aux océans et j'ai demandé à mon corps et à moi-même d'être cette vibration. Il a suffi d'un choix et de demander à être cette vibration. Je n'avais rien de spécial à faire, aucun rituel à exécuter pour être cet espace. Je me suis juste connectée.

Ce qui est apparu, c'est que tout a commencé à être paisible et aisé. J'étais simplement consciente de la vibration qui s'est créée avec les pensées des autres et leurs points de vue et j'étais tout à fait calme avec ça. Et au bout d'un temps, je savais qu'il était temps que je parte.

Ce qui est intéressant, c'est que j'ai perçu tant de corps qui voulaient être ailleurs et que les gens ne les écoutaient pas. Ils avaient décidé qu'ils devaient rester au festival pour un certain temps qu'ils avaient décidé être adéquat. Toutes ces personnes, avec leurs pensées et leurs émotions, avaient créé une solidité qu'ils appelaient réalité et avec laquelle ils se sentaient confortables, parce qu'elle leur était familière. Ils préféraient rester là où c'était familier pour eux en étant irrités, plutôt que d'écouter leur corps qui leur disait qu'autre chose était possible pour avoir plus d'aisance. Et quand bien même leur corps hurlait et leur demandait d'aller ailleurs, ils ne pouvaient l'entendre à cause de tout ce qu'ils avaient déjà décidé.

Voilà un exemple où les gens font tout ce qu'ils peuvent pour ne pas être l'espace qu'ils sont vraiment. Ils sont accros au fait de remplir l'espace qu'ils sont avec la polarité des pensées et émotions et de choses à faire et des gens à rencontrer et des relations à créer et des affaires à faire.

Un autre exemple est celui du drame et mélodrame que les gens créent au point de rendre les séries télévisées pâles par comparaison. Où les gens se disputent pour un oui ou pour un non ou bien se victimisent pour créer le drame qui crée assez de divertissement pour ne pas s'ennuyer.

J'ai un ami qui est tellement brillant, attentionné et puissant que dès qu'il commence à être cet espace qu'il est vraiment, qu'il est sur le point de créer une vie phénoménale, il choisit soit de commencer une relation avec une femme qui le ramène où point où il était avant, ou il laisse son ex-femme le torturer et lui donner tort d'avoir du succès. Il ne créait pas ses relations pour faire grandir sa vie ni contribuer à l'être brillant qu'il était. Non, il choisissait de faire de la femme la réponse et le point de référence qui lui permettait de ne pas de lâcher cette réalité, d'être contrôlé et d'être sûr qu'il n'était pas seul.

Est-ce qu'un être infini peut être seul ? C'est ce mensonge qui pousse tant de gens à créer des relations qui ne fonctionnent pas pour eux. Ils préfèrent avoir une mauvaise relation qu'aucune relation. Quoi ?

Qu'est-ce que tu utilises pour te maintenir ancré dans cette réalité et ce qui est réel et normal ? Qui et qu'est-ce que tu utilises pour te contrôler pour t'assurer que tu ne vas jamais apparaître comme la brillance de toi ? De qui ou quoi fais-tu ton éternel geôlier, qui te maintient prisonnier pour toute l'éternité ?

Est-ce maintenant le moment de détruire et décréer tout ce que tu as créé pour maintenir tout cela en place ? Dis juste « oui » à toi-même si tu choisis de changer cela. C'est tout.

Qu'est-ce qui est possible au-delà de ça ? Cet espace au-delà des pensées, sentiments et émotions, points de vue, conclusions, projections, attentes, jugements, rejets et séparations. Ce sont là toutes les choses que tu utilises pour te sentir comme les autres. Être l'espace n'a aucune valeur dans cette réalité parce que tu ne peux pas le cognitiviser ou le décrire. L'espace que tu es vraiment et es déjà, c'est là où tu peux être toi, comme l'océan, le soleil, la terre et les animaux. L'espace où tu es la question, le choix, la possibilité, la contribution et où tu peux te créer. Où tu peux créer ta vie, tes affaires, tes amitiés, ton argent et comme tu en as envie.

Comment ?

Demande-le et laisse-lui l'occasion d'apparaître quand cela apparaît et de la façon dont ça apparaît. « Que faudrait-il pour avoir plus d'argent que je ne pourrais dépenser ? » Et recevoir l'information qu'il te faudrait pour le créer. Ne te presse pas. Ne conclus pas que cela n'apparaît pas parce que ce n'est pas apparu hier. Pose la question pour tout ce que tu veux créer :

Qu'est-ce qu'il faudrait pour que... apparaisse ?

Être l'espace de toi, c'est là où tu ne rends plus aucun point de vue ou jugement réel ou important. Tu reçois tout et tu ne juges rien. Tu n'es l'effet de rien parce que tu permets à tout de venir à toi avec aisance, joie et gloire, et tu laisses tout contribuer à toi, à ton corps, à ta vie. Être cet espace fait de toi le catalyseur pour créer un monde totalement différent. En étant dans le laisser-être total, les gens autour de toi ne peuvent plus maintenir leurs points de vue fixes. Ils fondent en ta présence. Tout ce qui est invention, comme les pensées, les sentiments, les émotions, les jugements et les points de vue, se dissipent en ta présence. Et cela invite les personnes autour de toi à choisir.

Tout de la vie vient à toi avec aisance, joie et gloire ! ™

Tu peux utiliser ce mantra pour recevoir tout de la vie avec aisance, joie et gloire, le bon et le mauvais. Répète dix fois ce mantra le matin et dix fois le soir et l'aisance viendra à toi !

CHAPITRE VINGT-ET-UN

SOIS CONSCIENT DES PRÉTENDUS EX-PERTS

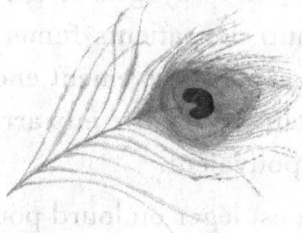

Il y a beaucoup d'experts dans cette réalité. Les experts sont des gens qui ont le rôle d'être ceux qui ont les réponses. En général, les experts ont des certificats, des diplômes ou autres. Les médecins, les thérapeutes, les psychologues, les travailleurs sociaux et les consultants comptent parmi les experts de cette réalité.

Être un expert, c'est quelque chose qui est rarement remis en question. Les gens se disent experts dans toutes sortes de domaines. Ils sont experts parce qu'ils disent qu'ils le sont, pas parce qu'ils savent mieux. De nombreux experts, surtout s'ils se présentent comme experts, disent à leurs clients que ce qu'ils faisaient jusqu'à présent ne fonctionnait pas et qu'ils ont eux, en tant qu'experts, la réponse et la solution.

Quand tu consultes un expert pour trouver des réponses, tu accordes plus de valeur aux points de vue de quelqu'un d'autre qu'à ce que tu sais. Tu arrêtes de t'écouter pour écouter le point de vue des experts. Tu te juges, que tu fasses la bonne chose ou pas. Quand tu fais cela, tu essaies de comprendre ce que tu devrais faire pour avoir raison pour pouvoir éviter d'avoir tort. Est-ce que cela crée de la liberté pour toi ? Est-ce que cela crée ce qui fonctionne vraiment pour toi ?

Lors de l'un de mes voyages, je parlais à un médecin qui voyait beaucoup de patients fumer excessivement et dont les poumons étaient gravement endommagés. Il était convaincu que la plupart d'entre eux arrêteraient de fumer si seulement ils le pouvaient.

Est-ce que cela est léger ou lourd pour toi ? Est-ce une conscience ou un savoir ? Est-ce que ce point de vue ouvre à plus de possibilités ou non ? À quel point ce médecin gobe-t-il les mensonges que ses patients veulent arrêter de fumer juste parce qu'ils le disent ? Et à quel point penses-tu qu'il trouve des preuves au quotidien pour prouver que son point de vue est juste ? Chaque patient qui dit qu'il aimerait arrêter de fumer, mais n'y arrive pas, solidifie son point de vue, le convainc que les gens ont du mal à arrêter de fumer. En gobant ces points de vue, il nourrit ses patients de réponses, les convainquant de leur propre point de vue. Cela n'a rien avoir avec investir l'autre de son pouvoir.

Je ne dis pas que ce médecin a tort. Je t'invite à voir que ceci se passe tout le temps dans cette réalité.

Les gens se nourrissent eux-mêmes et les uns les autres de mensonges, s'enfonçant de plus en plus dans le terrier de leur souffrance sans même poser une seule question. Et si tu pouvais utiliser les questions pour reprendre ton pouvoir et permettre aux autres de reprendre le leur ? Et si tu étais honnête avec toi-même et te demandais vraiment :

Vérité, est-ce que je veux vraiment changer ceci, est-ce que j'ai vraiment envie d'avoir une possibilité différente de la souffrance que je choisis ?

Si tu captes un « non », super. Alors, tu sais quel est ton point de vue à ce moment. Tu sais que tu ne désires pas vraiment changer cette chose et tu peux arrêter d'essayer si fort de changer alors que n'es pas intéressé de changer cela. C'est comme si ta main droite tentait de battre ta main gauche et tout ce que tu obtiens, c'est plus de douleur. Il n'y a rien de mal ou d'erroné à ne pas vouloir changer quelque chose. C'est juste un choix. Quand tu comprends que n'es pas intéressé à changer, tu ouvres la porte à encore plus de choix. Tu peux te demander :

« Est-ce que le fait de ne pas vouloir changer fonctionne pour moi ? Quelle valeur ai-je à m'accrocher à la douleur et à la souffrance ? »

Quel que soit ce qui monte, tu n'as pas besoin de pouvoir y mettre des mots. Demande-toi simplement : « Quoi que ce soit qui monte ici en posant ces questions, est-ce que je veux bien détruire et décréer tout cela ? » Si tu reçois un « oui » pour toi, utilise la formule de déblayage pour dissiper la limitation.

Right and wrong, good and bad, pod and poc, all nine, shorts, boys and beyonds.

Je te recommande faire cela de nombreuses fois, car chaque répétition déblaie une autre couche de limitations.

La raison pour laquelle les gens ne désirent pas changer n'a pas de sens, parce qu'il y a tant de souffrance impliquée. Si c'était logique et compréhensible, il n'y aurait pas de problème dans ce monde. Il y a bien longtemps qu'on aurait trouvé des solutions.

Beaucoup de gens attendent assez longtemps et souffrent beaucoup avant de choisir quelque chose de différent. Il n'y a pas de mal à ça. Parfois, l'autotorture doit faire suffisamment mal pour que les gens exigent quelque chose de différent : « Non, je ne désire pas changer » peut facilement se transformer en « Oui, je choisis de changer. » Il faut que tu prennes d'abord conscience du « non » avant de pouvoir recevoir un « oui ». Une fois que tu choisis « oui », c'est beaucoup plus facile de changer que tu ne le penses.

Quatre-vingt-dix pour cent de ce qu'il faut pour changer pour quelque chose de plus grand, c'est le choix d'exiger : « Oui, je change ceci maintenant, je vais y arriver, coûte que coûte. » Ne t'attends pas à ce que les choses changent instantanément. Laisse un peu de temps. En exigeant de toi-même d'avoir quelque chose de plus grand, tu as déjà ouvert la porte et le reste suivra. Si cela prend plus de temps que tu aurais aimé, ne laisse pas tomber, ne tire pas la conclusion que cela ne fonctionne pas. Quand tu conclus que ça ne marche pas, tu interromps ce que tu viens de commencer à créer. Continue à demander plus grand et choisis ce qui rend ta vie plus aisée. Tu as tout ce qu'il faut pour créer ce que tu désires vraiment. Rien ni personne ne peut t'arrêter, sauf si tu les laisses faire.

Tout est l'opposé de ce que cela paraît être et rien n'est l'opposé de ce que cela paraît être

L'exemple du médecin illustre comment les experts peuvent utiliser leur rôle pour donner aux gens la réponse qu'ils pensent être la bonne, sans être disposés à voir ce qui se passe ou à poser des questions pour créer quelque chose de différent. Permettre aux gens de reprendre leur propre pouvoir, que tu aies le rôle d'expert ou non, est beaucoup plus simple que tu ne le penses. Tu peux être le pire des idiots et permettre aux gens d'être qui ils sont vraiment.

Tout est l'opposé de ce que cela paraît être et rien n'est l'opposé de ce que cela paraît être. Idiot ou brillant ?

Permettre aux gens de reprendre leur propre pouvoir est facile et fun. Comment cela se fait-il ? Tu n'as pas besoin d'avoir de réponses ; tu poses des questions aux gens pour les faciliter à trouver ce qui est vrai pour eux. En tant qu'expert, tu as des réponses toutes prêtes et ces réponses sont plus importantes que tout le reste. Chaque fois que tu consultes un médecin, demandes-tu à toi-même et à ton corps ce qui est requis, ou bien comptes-tu sur le médecin pour te donner la bonne réponse pour toi ?

Comment le médecin peut-il savoir mieux que toi ? Il a peut-être plus d'informations sur le sujet que toi, mais cela ne veut pas dire qu'il sait mieux. Tu pourrais recevoir les informations des experts et demander à ton corps et à toi-même : « Vérité, qu'est-ce que je sais à propos de ceci ? Qu'est-ce qui fonctionnerait pour moi ? Qu'est-ce qui rend ma vie plus facile ? Corps, que te faut-il ?

Tu sais. Plus tu poses de questions, plus ce sera aisé pour toi. C'est comme entraîner un muscle. Chaque fois que tu comptes sur quelqu'un ou quelque chose d'autre, tu abandonnes ton pouvoir et te rends l'effet du point de vue de quelqu'un d'autre. De cette manière, tu te desserts terriblement toi-même et le monde. Ce que tu sais est un cadeau pour le monde.

De nombreux experts sont convaincus que les gens ne savent pas. Ils maintiennent le point de vue qu'ils sont trop malades pour savoir, qu'ils sont trop handicapés pour savoir. Rien ni personne ne peut t'enlever ton savoir. C'est qui tu es. Rien ne peut te prendre qui tu es.

Aucune maladie, aucune personne, rien. Quand les gens sont malades, prennent des médicaments ou sont étiquetés comme « malades mentaux », leur savoir peut être voilé et difficile d'accès. Tu peux choisir d'être qui tu es et savoir ce que tu sais.

En tant qu'expert, tu peux choisir de faire de ton éducation le produit précieux, ou tu peux utiliser ton rôle de permettre aux gens de reprendre leur propre pouvoir de savoir ce qu'ils savent.

Être inutile

Les thérapeutes me demandent souvent quelle approche je prends quand je suis en séance avec des clients. Mon approche est, avant de commencer une séance, de poser cette question : « A quel point puis-je être inutile ici ? »

À cela, beaucoup d'experts éclatent de rire ou leur mâchoire tombe par terre. « Qu'est-ce que vous entendez par inutile ? Vous commencez par être utile, puis vous devenez inutile ? Comment ça marche ? »

Je commence par être inutile et je continue d'être inutile.

Ce que nous avons appris, en tant qu'experts, c'est d'être utile ; nous sommes censés réparer et gérer les problèmes, avoir les bonnes réponses, la solution et faire ce qu'il faut et ce qui sauve le client. Est-ce que cela fonctionne bien ? Les experts endossent beaucoup de responsabilités. À quel point est-ce que c'est fun d'avoir cette responsabilité sur le dos ? Oui, fun. Pourquoi fais-tu ton travail ? Pour souffrir ou pour t'amuser ? Je sais que le fun n'est pas autorisé dans les domaines sérieux des experts.

Ça l'est pour moi. Je romps la règle du sérieux. Et toi ?

Être responsable des résultats de ton travail quand il implique une autre personne met beaucoup de pression sur l'expert. Ce n'est pas le meilleur choix. Si cette conversation te fâche, tu ferais bien de regarder ce que ça fait chez toi.

À quoi résistes-tu d'être et de choisir que si tu l'étais et le choisissais expanserait ta pratique et ta vie au-delà de ce que tu penses possible ?

Quelle liberté pourrais-tu t'octroyer qui expanserait toute ta vie ? Si tu te rends responsable de ce qu'une autre personne choisit, ou si tu es investi dans le résultat que le client doit aller mieux, tu remarqueras que ton travail devient bien difficile. Et la question est : « Est-ce que ceci permet à l'autre de reprendre son propre pouvoir ? » Lui donnes-tu l'espace où il peut choisir pour lui-même ?

Je pensais que je devais réparer tout le monde, les rendre heureux et que l'objectif de mes séances était de rendre les gens plus sains et qu'ils dépassent leurs problèmes. J'étais fatiguée et épuisée de mon énergie à la fin de mes journées de travail et le week-end je passais le plus clair de mon temps à dormir. Je savais que cela devait changer.

J'ai commencé à réaliser que ce n'était pas ma responsabilité que les gens choisissent de changer ou non. Je peux leur donner des outils, des informations et des processus pour leur faire savoir qu'ils ont le choix. Ce qu'ils choisissent ensuite leur appartient. Et c'est là la plus grande bienveillance et la plus grande autonomisation que de laisser les gens choisir ce qu'ils ont besoin de choisir sans avoir de point de vue. Je ne suis pas leur sauveur et je n'ai pas besoin de penser que je devrais les aider. Je peux leur permettre d'aller là où ils savent qu'ils ont le choix.

Être inutile quand je rencontre les clients crée l'espace où les gens peuvent explorer où ils sont et ce qu'ils auraient envie de choisir. C'est là où je ne viens pas avec des réponses ou des points de vue sur où devrait aller la séance ou ce qu'elle devrait couvrir ou quel résultat elle devrait avoir. Cela me tire hors de la nécessité d'avoir les réponses et de prouver que je suis utile, ce qui crée de la détente en moi et le client.

As-tu déjà eu une séance avec un expert qui tente désespérément de te donner les réponses, de te faire changer, de te convaincre que sa méthode va te sauver ? Comment est-ce que c'était ? Je sais que j'ai été un expert comme cela chaque fois que j'ai pensé que je savais mieux que mon client et je sais à quel point cela était contractant pour moi et le client. Cela ne menait nulle part et le résultat était que je me sentais nulle et le client se sentait probablement aussi comme cela.

La plupart des thérapeutes sont investis dans le résultat de ce que le client devrait retirer de la séance et que leur vie doit changer. Et si c'était au client qu'il revenait de changer ou pas ? Lâcher le fait d'être investi dans le résultat en tant que thérapeute crée plus d'aisance pour le thérapeute et le client. Les clients savent quand les thérapeutes veulent les changer et comment. Ils ont un sixième sens pour cela et du coup, ils font plus d'efforts qu'ils ne devraient pour être ce que le thérapeute veut qu'ils soient, au lieu de permettre que les choses soient aisées. Ou le client résiste et réagit au thérapeute et il arrête le changement qui est possible.

Et si le thérapeute était simplement là pour fournir les outils que le client choisit d'utiliser éventuellement, quand et comme il veut ?

Être inutile me permet à moi et à mon corps de nous détendre et de poser les questions qui vont déverrouiller la conscience du client. C'est n'avoir de point de vue sur rien, prendre plaisir à faciliter sans être investi dans le résultat, être l'espace permettant aux possibilités d'apparaître et permettre au client et à moi-même d'être surpris par ce qui est vraiment possible au-delà des inventions et des limitations. Cela crée de la légèreté et de l'aisance, car nous sommes tous deux en mode exploratoire. Beaucoup de ces moments « aha » surviennent et le client apprend ainsi à faire confiance à son savoir et à ne pas compter sur moi.

La sexualness

Qu'est-ce que la sexualness vient faire dans cette conversation ? La sexualness est une grande part d'être, créer et faciliter le changement.

La sexualness, c'est cette énergie guérisseuse, nourrissante, expansive, orgasmique et joyeuse qui infuse nos corps. C'est notre façon d'être naturelle. Les enfants connaissent bien cette énergie. Ce sont des êtres hautement sexuels. Ils viennent en s'appréciant eux-mêmes et leur corps, toujours à la recherche de quelque chose ou quelqu'un pour jouer. Ils sont pleins d'énergie et quand ils sont fatigués, ils s'écroulent là où ils sont et dorment. Quoi que ce soit qu'ils choisissent dans leur jeu, cela contribue à plus de jeu et plus d'énergie.

As-tu décidé que tu ne pouvais plus être ça maintenant que tu es adulte ?

Est-ce vrai ? Ou peux-tu être ça et l'exprimer d'une façon qui fonctionne pour toi ?

Être sexuel, c'est quand tu invites le changement et les différentes possibilités dans ta vie. As-tu déjà forcé les choses pour qu'elles arrivent ? Tu sais bien ce que ça fait. Te forcer à écrire une dissertation, te forcer à créer plus d'argent pour payer les factures, forcer ton partenaire à

parler de quelque chose que tu as décidé qui était important… Tu vois bien de quoi je parle, n'est-ce pas ? Il faut
beaucoup d'énergie pour cela et c'est généralement très
frustrant.

Et si tu invitais la sexualness à entrer dans la danse ?

Si tu traitais tout et tout le monde comme ton amant, les
inviterais-tu à venir ?

Et ils viendront. Traiter tout et tout le monde comme
ton amant implique de la gratitude quand ils viennent
pour qu'ils se sentent invités et motivés pour les invitations
futures. Et si tu traitais ton argent comme ton amant ?
Capte cette énergie. C'est plus de fun ? Est-ce que cela
créerait plus d'aisance avec l'argent ? Et si tu traitais ton
corps comme ton amant ? Combien de fun est-ce que tu
pourrais avoir en plus ?

As-tu déjà forcé ton corps à perdre du poids ? Est-ce
que ça a bien fonctionné ? Et si tu avais de la gratitude à
ton égard et à l'égard de ton corps et si tu t'invitais toi et ton
corps à changer en demandant ce qui est possible : « Corps,
montre-moi, de quoi voudrais-tu avoir l'air ? » Tu pourrais
être surpris par ce qu'il te montre.

Que peux-tu choisir, au quotidien qui te permette, à toi
et à ton corps d'être l'énergie de la sexualness ? Qu'est-ce
qui élargit l'énergie guérisseuse, nourrissante, expansive,
orgasmique et joyeuse dans ta vie et ton corps ? Aller te
promener le long de la plage, danser, écrire, parler à un ami,
prendre un bain ? Qu'est-ce que c'est pour toi ? Et si tu
faisais cela une demi-heure par jour ? Combien est-ce que
cela créerait d'énergie des possibilités et de vie dans tous
les domaines de ta vie ?

J'étais l'une de ces personnes super efficaces avec des
listes de choses à faire kilométriques, que je traitais tout

au long de mes journées. J'avais le point de vue que c'était comme ça que les choses s'accomplissaient. J'étais frustrée, courant mes journées pour terminer tout ce qui se trouvait sur ma liste. Captes-tu cette énergie en lisant ceci ? Ce n'est pas fun, n'est-ce pas ? Je faisais tout ce qui était sur ma liste, mais ma vie ne changeait pas. Je pensais que si je faisais tout, ma vie, au final, serait meilleure. Mais ça n'a jamais été le cas.

Ajoute à cela que je suis « TOC ». Ce qui veut dire que quand je fais quelque chose, je le fais dans les moindres détails… ce qui crée encore plus de travail. J'ai réalisé que ce n'était pas ainsi que j'avais envie de créer ma vie. J'ai demandé à moi-même de changer cela. Maintenant, je commence mes journées en demandant quelle énergie j'ai envie que ma vie soit. Je prends conscience de l'aisance et de la joie, de l'énergie orgasmique, toujours expansive, nourrissante, guérisseuse et fun que je demande. Et, chaque matin, je demande, à moi-même et à mon corps d'être cette énergie, de la ressentir dans toutes les cellules de mon corps. En étant cette énergie, je demande :

Que puis-je choisir aujourd'hui ? Où puis-je mettre mon énergie aujourd'hui qui va me permettre de générer et créer ma vie plus grande que ce que je pensais possible ?

Je choisis ce qui correspond à cette énergie de la vie et du « vivre » que je désire. Parfois, c'est me promener le long de la plage, parfois c'est parler à quelqu'un qui va me donner l'information et l'inspiration de créer quelque chose de nouveau… Choisir ce qui contribue à ma vie et à mon « vivre » crée un mouvement constant vers l'avant. Je me demande alors encore et encore : « Qu'est-ce que je peux choisir maintenant qui va expanser ma vie ? », et je choisis à nouveau. C'est ça être la question, le choix, la possibilité et la contribution. Les éléments de l'expansion.

Et si tu choisissais pour toi et ton corps d'être dans l'énergie de la sexualness ? Qu'est-ce qui serait alors possible pour toi ?

La sexualness, c'est être comme la nature : vibrant et vivant. La nature est ce grand orchestre qui joue avec les arbres, le vent, le soleil, les nuages, l'océan, la terre pour créer la plus grande des symphonies. Elle sait quand il est temps de changer et elle institue le changement avec aisance.

Si tu avais cette aisance d'être et du changement, aurais-tu encore des problèmes ?

Être sexuel quand tu facilites les clients les invite à incarner cette énergie. Et si tu ne te coupais plus jamais de cette énergie ? La sexualness, ce n'est pas avoir des relations sexuelles avec les gens. C'est être l'énergie qui t'invite, toi et l'autre personne à encore jouer, à changer avec aisance, à laisser partir les points de vue fixes qui créent la douleur et la souffrance.

Les gens supposent toujours qu'être sexuel veut dire avoir des relations sexuelles, du coup, ils ne s'autorisent à être cette énergie que dans la chambre à coucher. Et si tu sortais cette énergie de la chambre à coucher pour la porter dans toute ta vie ? Et si tu laisser cette énergie de la sexualness imprégner toute ta réalité ? Être joyeux, nourrissant, attentif, orgasmique, guérisseur et expansif dissipe la séparation que tu crées avec toi-même et les autres. Ce n'est plus la dynamique de l'expert/enseignant et du patient. C'est être toi et inviter l'autre à être lui-même.

Simplement être toi crée le changement

Ce qui m'est apparu clairement en facilitant le change-ment chez les gens, c'est que ce n'est pas la technique ou la modalité que j'utilise qui est la source du changement pour le client.

La plupart des thérapeutes ont le point de vue que c'est leur technique qui fait la différence. La plupart des moda-lités impliquent une certaine manière de faire, une forme et une structure pour son application. Généralement, le thé-rapeute applique la technique et tente de le faire comme il faut, y dépensant beaucoup de temps et d'énergie. Il existe des standards et des points de référence auxquels ils com-parent leur propre travail et ensuite, ils jugent s'ils ont fait comme il faut ou pas et s'ils ont réussi et obtenu le résultat qu'ils désiraient.

Moi aussi, j'ai travaillé ainsi. J'ai lu beaucoup de livres et ai participé à de nombreux séminaires sur une grande variété de façons de pratiquer la psychothérapie. J'étais constamment dans le jugement, ayant le point de vue que je ne faisais pas assez bien, que j'aurais dû dire ceci ou cela, ou que le client n'a pas eu le changement qu'il était censé avoir. Je me sentais si mal et tellement nulle.

Les livres que je lisais sur les techniques de thérapie montraient les exemples parfaits de la manière de mener une thérapie et comment le thérapeute savait exactement quoi dire au bon moment, démontrant la perfection avec laquelle il pratiquait la technique. Durant mes séances, j'essayais de faire pareil ; alors que j'étais avec mon client, je me remémorais ce que j'avais lu dans les livres et ce que le thérapeute disait dans le livre, et j'essayais de faire la même chose ou au moins le plus « correctement » possible, ce qui ne fonctionnait jamais vraiment bien. Mes clients ne disaient jamais ce que les clients du livre disaient ; ils me regardaient juste d'un drôle d'air et je me sentais encore plus mal. Bienvenue dans l'autotorture du thérapeute.

Après un an à faire ce que j'étais « censée » faire, je n'en pouvais plus. Je savais qu'il fallait que je change ma façon de travailler. Finie l'autotorture ! Quelque part, j'avais la conscience qu'il y avait une autre possibilité qui me permettrait de travailler avec les clients avec beaucoup plus d'aisance et de joie.

Comment ?

J'ai commencé à poser des questions. J'ai lâché tous mes points de vue que c'est la technique qui crée le changement. J'ai demandé à mes clients ce qui les aidait et ce qui créait le changement pour eux dans le travail que nous faisions ensemble. Toutes les personnes à qui j'ai posé ces questions m'ont répondu que c'était moi, l'être que je suis, et pas ce que je dis, mais l'attention que j'ai pour eux, la façon dont j'écoute et parle sans jugement ; c'est ça qui crée le plus de changement pour eux.

Waouh ! Peux-tu imaginer à quel point entendre cela a changé dans ma réalité ? J'avais toujours pensé qu'il fallait que je perfectionne ma technique pour la faire exactement comme il faut, et que je devais travailler dur pour apprendre plus sur la technique et étudier encore. Mais non. C'est l'espace que je suis qui invite les autres à être et à trouver ce qu'ils recherchent.

Cette conscience collait avec ce que j'ai toujours su possible. Nous pouvons nous faciliter les uns les autres à de plus grandes possibilités, simplement en étant présents. Tu sais bien ce que c'est de parler à quelqu'un qui n'a absolument aucun jugement sur toi, qui n'a pas le point de vue que tu devrais changer, qui est nourrissant et guérissant.

C'est l'espace où tu es encouragé à changer si c'est ce que tu choisis et quand tu le choisis.

C'est comme cela que j'ai créé la Psychologie Pragmatique ; en posant les questions qui déverrouillent la conscience.

Quand je rencontre mes clients, je pose des questions et j'incarne ces questions. Je ne gobe pas les histoires des clients et je cherche dans ce qu'ils disent ce qui indique où et comment ils se limitent. Les limitations sont créées quand les gens choisissent l'inconscience et quand ils choisissent de ne pas être conscients. Ce qui les limite vraiment est souvent autre chose que ce qu'ils pensent qui les limite. Le plus gros du changement ne s'opère pas en parlant des limitations, mais en changeant l'énergie. Faire des mots la source du changement est une grande limitation. Le changement est le choix d'inviter une possibilité différente. Modifier l'énergie en étant conscient des choix crée plus d'aisance et d'expansion ; c'est cela qui change la vie des gens. Laisser partir les points de vue et les jugements à partir desquels les gens fonctionnent ouvre la conscience de ce qu'il faut pour créer ce qu'ils désirent.

Tu sais comment tu peux parler inlassablement d'un problème et en rechercher la cause et les raisons… Et tout ce que tu fais ainsi, c'est créer une histoire, rendre l'histoire réelle et t'enfoncer encore plus profondément dans le problème. Ton énergie est lourde et tu te sens généralement en tort et impuissant. Je suis fascinée de voir que c'est comme ça que le changement est censé se faire dans cette réalité.

Rechercher ce qui te grandit et ce qui élargit ta conscience crée de la légèreté et de l'aisance dans ton univers et ton corps, même quand tu prends conscience d'un jugement négatif ou d'une attitude critique auxquels tu t'accroches.

Et si tu pouvais être, savoir et recevoir la grandeur de toi. Combien de ce que tu appelles tes problèmes disparaîtraient tout simplement et ne seraient plus pertinents ? Es-tu prêt à choisir de permettre à ta vie d'être aisée et joyeuse ? Où tu peux tout recevoir, y compris toi, en totalité, et ne rien juger ? À quel point voudrais-tu inspirer le monde à une perspective différente ?

En laissant partir le tort de toi, de ta douleur et de ta souffrance, tu crées un monde différent. Là où tu allumes les lumières de la conscience, il ne peut y avoir de dévastation, de problèmes, de douleur et de souffrance. Tu cesses d'être l'effet. Tu es le terminator de la douleur et de la souffrance : « le chasseur de douleur ».

En étant conscient, tout de la vie vient à toi avec aisance, joie et gloire.

Quand tu es et incarnes la conscience, tu élimines les murs de séparation entre toi et les autres ; entre toi et ce que tu désires vraiment.

Bienvenue dans ton monde. Bienvenue dans notre monde. Bienvenue dans une vie d'aisance, de joie et de gloire. Oui, c'est un choix que tu as.

À PROPOS DE L'AUTEUR

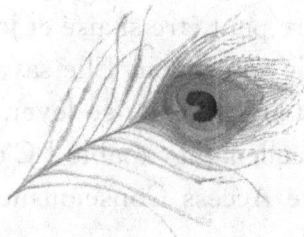

Mag. Susanna Mittermaier, CFMW, psychologue clinicienne agréée, thérapeute et Facilitatrice Access Consciousness® de Vienne, en Autriche, est en train de créer un nouveau paradigme dans la psychologie et la thérapie, la Psychologie Pragmatique, à l'aide des outils révolutionnaires d'Access Consciousness®.

Susanna a une perspective différente et dynamiquement transformationnelle de la douleur psychologique et de la maladie mentale, qui va au-delà de ce qui est actuellement sur le marché.

Susanna a travaillé en psychiatrie en Suède pendant des années et a son propre cabinet où elle traite avec de remarquables résultats des clients avec de la dépression, anxiété, bipolarité, TDAH, TDA, autisme, Asperger et d'autres diagnostics mentaux.

Susanna Mittermaier a toujours eu le désir de permettre aux gens de reprendre leur propre pouvoir de savoir ce qu'ils savent, d'être qui ils sont et d'être le choix d'une vie plus joyeuse. En plus d'être psychologue, Susanna a aussi étudié la pédagogie, la philosophie, la linguistique et a pratiqué d'autres modalités. Enfant, Susanna, regardait le monde et se demandait pourquoi les gens étaient si malheureux alors que vivre peut être si aisé et joyeux. Pendant un temps, elle a oublié son savoir. Elle savait qu'il fallait que cela change ! Il était temps de se lever, d'être et de créer ce dont elle était réellement capable ! C'est à ce moment-là qu'elle a rencontré Access Consciousness®, ce qui a tout changé pour elle.

Aujourd'hui, Susanna voyage de par le monde pour faciliter des séances, ateliers et des classes Access Consciousness® dans plusieurs langues. Ce que les gens disent… « Tu es la psy la plus bizarre et la plus joyeuse que j'aie jamais rencontrée, je me sens follement sain, mon monde a changé ! »

Susanna décrit cela comme la psychologie qui t'aide à t'ajuster à cette réalité, et en ajoutant la conscience, tu sors totalement de la boîte pour accéder à plus de toi-même que ce que tu peux imaginer possible !

LES CLASSES DE PSYCHOLOGIE PRAGMATIQUE

E t s'il existait un autre paradigme pour la dépression, l'anxiété, la bipolarité, les troubles de l'alimentation, la schizophrénie et tous les autres diagnostics cliniques de « troubles » ? Susanna Mittermaier, psychologue clinicienne autrichienne, sait que c'est le cas ! Susanna utilise les outils d'Access Consciousness® dans la santé mentale en Suède et dans son cabinet depuis des années et a vu des changements incroyables. Et si tu pouvais dépasser ton besoin d'être normal et puiser dans ta véritable brillance ? Qu'est-ce qui est bien et juste à ton sujet que tu ne captes pas ? Et comment peux-tu transformer ce que tu n'es censé pouvoir changer que sur toute une vie et avec des médicaments, seulement avec des outils et des questions ?

Ces classes s'adressent à tout le monde. Les personnes qui ont été diagnostiquées, leurs familles, leurs amis, thérapeutes de tous horizons, parents, enseignants, travailleurs sociaux. Toute personne curieuse d'en savoir plus sur les plus grandes possibilités de changement et sur la facilitation du changement et tous ceux d'entre vous qui êtes prêts à accéder à ce que Vous savez !

Bienvenue dans le voyage qui te mène de la douleur, de la souffrance et du gore à l'aisance, à la joie et à la gloire !

Ces classes sont organisées partout dans le monde et aussi en ligne.

Scanne pour plus d'info

www.susannamittermaier.accessconsciousness.com

Témoignages

Je suis infirmière psychiatrique et j'ai suivi la classe de Psychologie Pragmatique de Susanna. Je travaille avec des adolescents qui ont reçu un diagnostic de maladie mentale et j'aide leurs familles à les soutenir. J'ai aussi un fils adulte schizophrène. Le cadeau que Susanna apporte dans son travail est une façon entièrement nouvelle d'envisager la maladie mentale ; elle regarde au-delà de la stigmatisation que la « maladie » amène pour voir les dons et les capacités que ces enfants et adultes ont réellement. Elle nous enseigne comment accéder à notre propre savoir pour occuper l'espace d'une possibilité différente pour nos clients, nos familles et nous-mêmes. Et elle le fait avec tant de joie et de légèreté ! Je réécoute encore et encore les enregistrements quand je vais au travail parce que cela m'aide vraiment à donner un ton calme et positif à la journée. Merci beaucoup Susanna !

Bonjour Susanna !

Un grand merci pour ta classe de Psychologie Pragmatique ! Je suis tellement reconnaissante pour toi et cette classe. Je l'écoute encore et encore. Je me reconnais tellement dans ce que tu as fait. Je travaille dans une école et il y a beaucoup de similitudes avec le système des soins de santé. Ta classe a commencé à ouvrir une autre possibilité dans le monde réel pour moi, pour travailler autrement en tant qu'enseignante. Une autre façon dont je sais qu'elle fonctionne pour moi et crée de plus grandes possibilités, alors MERCI du fond du cœur.

Je vois une autre voie maintenant. Alors, quoi d'autre est possible ? Tu es incroyable et, waouh, quelle contribution pour ce monde et cette réalité !

Comment est-ce que ça devient encore mieux que ça ?

Pour plus d'informations au sujet de l'auteur :

www.susannamittermaier.com

Scanne pour plus d'info

LES CLASSES DE BASE D'ACCESS CONSCIOUSNESS®

Access Consciousness® est un ensemble d'outils et techniques destinés à t'aider à changer tout ce qui ne fonctionne pas dans ta vie, pour que tu puisses avoir une vie différente et une réalité différente. Es-tu prêt à explorer les infinies possibilités ?

Les classes de base reprises ci-dessous ont le potentiel d'élargir ta capacité à la conscience pour que tu aies une plus grande conscience de toi, de ta vie, de cette réalité et au-delà ! Avec une plus grande conscience, tu peux commencer à générer la vie que tu as toujours su être possible et que tu n'as pas encore créée. Quoi d'autre est possible ? La conscience inclut tout et ne juge rien.

~ Gary Douglas, Fondateur d'Access Consciousness®

Access Bars™

Te rappelles-tu la dernière fois où tu t'es senti totalement détendu, nourri et choyé ? Ou bien cela fait-il un peu trop longtemps que tu as reçu soins et attention sans juger ton corps ou ton être ?

Access Consciousness Bars® est la première classe d'Access. Il y a sur la tête 32 points qui, lorsque tu les effleures délicatement, libèrent aisément et sans effort tout ce qui ne te permet pas de recevoir. C'est un peu comme si tu appuyais sur la touche « Supprimer » de ton ordinateur. Toutes les pensées, sentiments et émotions qui t'empêchent d'avancer et qui font que tu reproduis inlassablement les mêmes schémas dans ta vie sont libérés.

Des milliers de personnes utilisent les Bars d'Access pour changer de nombreux aspects de leur corps et de leur vie, notamment le sommeil, la santé, le poids, l'argent, le sexe et les relations, l'anxiété, le stress et bien d'autres choses encore. Au pire, tu te sentiras comme si tu venais de recevoir un massage extraordinaire. Au mieux, toute ta vie va changer pour devenir quelque chose de plus grand, avec une aisance totale.

Suivre la classe Access Consciousness Bars® est un prérequis pour toutes les classes de base d'Access Consciousness®, car elle permet à ton corps de digérer et recevoir avec aisance les changements que tu choisis.

Durée : 1 jour

Fondation

Et si c'était possible de tout changer ? Et si tu savais quelque chose que personne d'autre ne sait ? Et si le moment était venu maintenant d'exprimer et de choisir tout ce que tu es venu être ici ?

La classe Fondation est conçue pour te permettre de changer absolument tout ce que tu aimerais changer dans ta vie. Tu recevras une boîte à outils bien remplie qui te permettra de briser les fondations de la limitation à partir de laquelle nous fonctionnons si souvent et de construire de nouvelles fondations, celles des possibilités sans limites, pour que tu puisses commencer à créer la vie que tu désires vraiment.

Que désires-tu ? Que voudrais-tu qui soit différent ? Voudrais-tu plus de joie ? Plus de fun ? Plus d'aisance ? Aimerais-tu t'éveiller le matin avec un sentiment de gratitude..., heureux d'être sur cette planète ?

Quel que soit ton choix, c'est POSSIBLE. Des milliers de personnes dans le monde entier ont créé la vie qu'ils désirent en utilisant les outils simples et pragmatiques d'Access Consciousness® qui te seront présentés lors de la classe Fondation.

Durée : 4 jours

Prérequis : Access Bars

Choix des possibilités

Durant la classe Choix des possibilités (COP), tu commences à voir ce qui est effectivement possible pour toi et tu commences à reconnaître que ton choix suffit à créer tous ces possibles.

Toute création commence par le choix. Chaque fois que tu choisis, quelque chose apparaît dans ta vie à cause de ton choix. Il n'y a pas de bon ou de mauvais choix. Il y a juste le choix.

Il n'est plus nécessaire que ta vie soit le fruit de la limitation. Il n'est plus nécessaire de récréer sans cesse l'ancien.
Tu peux avoir la conscience de ce que tu aimerais vraiment
que ta vie soit, et la classe Choix des possibilités te livre les
outils qui te permettront de choisir et de créer ce que tu
choisis.

*Ton choix peut tout changer. Es-tu prêt à commencer l'aventure
du choix ? Es-tu prêt à vivre vraiment et à être la question « Quoi
d'autre est possible » ?*

Durée : 3 jours

Prérequis : Access Bars, Fondation

Classe Corps Access

Et si ton corps était une boussole pour accéder aux
secrets, aux mystères et à la magie de la vie ? La classe Corps
d'Access Consciousness® a été créée par Gary Douglas et
Dr Dain Heer et est facilitée par des facilitateurs certifiés
en classe Corps (Certified Body Class Facilitator).

La classe Corps Access est conçue pour ouvrir un
dialogue et créer une communion avec ton corps pour te
permettre d'apprécier ton corps plutôt que du lutter contre
lui. Quand tu changes ta relation à ton corps, tu changes ta
relation à tout dans la vie. Les personnes qui ont participé
à la classe Corps Access ont rapporté des changements
spectaculaires dans la taille et/ou la forme du corps, un
soulagement des douleurs chroniques et aiguës et une plus
grande aisance dans les relations et avec l'argent.

As-tu un talent et une capacité à travailler avec les corps que tu n'as pas encore déverrouillés ? Ou es-tu un travailleur corporel – masseur, kinésithérapeute, chiropraticien, médecin, infirmière – à la recherche d'un moyen d'améliorer les soins que tu peux donner à tes clients ? Viens jouer avec nous et commence à explorer comment communiquer et se relier aux corps, y compris le tien, de maintes façons nouvelles.

Durée : 3 jours

Prérequis : Access Bars, Fondation

Classe Corps avancée avec Gary Douglas

Combien de jugements portes-tu sur ton corps ? Et si tu pouvais voir la valeur de ton corps plutôt que son tort ? Qu'est-ce qui changerait pour toi et ton corps si c'était cela ta réalité ?

La classe Advanced Body Class nous permet de choisir de créer différemment avec notre corps pour avoir la santé totale, l'aisance totale et la joie de notre corps.

Durant cette classe pratique, tu découvriras un ensemble unique de nouveaux processus corporels qui ont été créés pour donner à ton corps la possibilité d'aller au-delà des limitations de cette réalité.

Et si la nourriture, les compléments alimentaires et l'exercice physique n'avaient presque rien à voir avec la façon dont ton corps fonctionne vraiment ? Et si tu pouvais avoir l'aisance, la joie et la communion avec ton corps, bien au-delà de ce qui est considéré possible maintenant ?

Serais-tu prêt à explorer les possibilités ?

Durée : 3 jours

Prérequis : Access Bars, Fondation, Choix des possibilités et deux fois la classe Corps Access

Symphonie des possibilités avec Dr Dain Heer

Es-tu conscient que tes capacités avec l'énergie sont uniques ?

Sais-tu que la façon dont tu résonnes avec le monde est un cadeau phénoménal ?

Et si tu étais l'orchestrateur de toutes les possibilités ?

Cette classe est vraiment à la pointe créative d'Access Consciousness®. Lors de cette classe avancée de 4 jours, tu deviendras intimement conscient des énergies et tu apprendras à les utiliser pleinement pour créer ta vie et vivre une réalité totalement différente !

D'une part, Dain utilise le processus ESB pour te montrer et t'inviter à un espace énergétique où les miracles peuvent se produire... avec totale aisance.

D'autre part, tu exploreras cette énergie en toi, tout en travaillant énergétiquement sur d'autres personnes de la classe, ou en recevant ce travail.

La simultanéité du donner et recevoir qui s'ouvre, s'expanse dans des univers de possibilités et... d'unité.

Le moment est-il venu maintenant changer le monde par ton toucher ? Le moment est-il venu maintenant pour toi de devenir ce que tu as toujours été appelé à être ?

Si oui, alors cette classe est peut-être ce que tu cherchais depuis très longtemps.

AUTRES LIVRES D'ACCESS CONSCIOUSNESS PUBLISHING

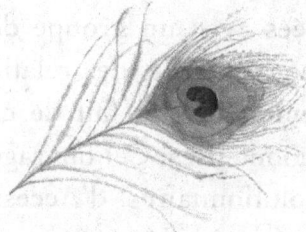

Sois toi et change le monde
Par Dr Dain Heer

Ce livre est très différent de tous les livres que vous avez lus jusqu'à présent. Il est écrit pour les rêveurs de ce monde – les personnes qui savent que quelque chose de différent est possible – mais qui n'ont pas encore eu les outils pour se transformer et, par extension, pour changer véritablement le cours de leur existence !

Et si je vous disais que ces outils existent ? Et que les possibilités dont vous avez toujours rêvé sont réalisables ?

Ce livre vous offre un ensemble d'exercices et de processus pratiques et dynamiques qui vous permettent de savoir ce qui est vrai pour vous et qui vous êtes vraiment. Et si vous, en étant votre « Vous » véritable, pouviez tout changer – votre vie, vos relations, votre corps, votre situation financière... et pourquoi pas, le monde ?

Salon des femmes

Par Gary M. Douglas

Gary Douglas part en mission pour mettre fin au conflit perpétuel entre les hommes et les femmes.

Salon des Femmes est fondé sur une série de téléclasses que Gary a animées avec un groupe de femmes. Ils ont discuté des hommes, de sexe, des relations, des rôles des hommes et des femmes et du fait de créer des relations incroyables et harmonieuses. Cet ouvrage associe les outils et processus révolutionnaires d'Access Consciousness® avec des révélations perspicaces et une inspiration touchante.

G. Douglas encourage les femmes à devenir des « pragmatistes de la féminité » en appliquant leur pouvoir féminin pour créer ce qu'elles veulent. Une « relation pragmatique » est celle où les partenaires s'efforcent de faire que les choses fonctionnent pour tous ceux impliqués, dit-il. « Ils vécurent heureux ne peut pas se produire, tant que tu ne deviens pas pragmatique dans tes choix. »

Gentlemen's club

Par Gary M. Douglas

Le fondateur d'access consciousness et un groupe d'hommes parlent avec sincérité des femmes, des relations, du sexe, de l'énergie sexuelle, de la masturbation et du fait d'être un homme dans cette réalité.

À propos des relations amoureuses, il dit : « Parfois les gens me disent : 'tu n'aimes pas les relations amoureuses.' Non. Le fait est que je n'aime pas les relations amoureuses néfastes. Je ne vois vraiment pas pourquoi une relation amoureuse néfaste devrait exister. Si tu as une relation amoureuse, elle devrait être quelque chose qui ajoute à ta vie et la rend encore plus superbe, meilleure et plus ludique. Si une relation ne te procure pas ça, pourquoi en avoir une ? »

Douglas parle aussi du fait de se faire confiance en tant qu'homme, de créer un sentiment de coopération avec les autres hommes, et de découvrir ce qui ferait de ta vie un enchantement.

Joy of Business

Par Simone Milasas

Si tu créais ton business à partir de la JOIE du business – qu'est-ce que tu choisirais ? Qu'est-ce que tu changerais ? Qu'est-ce que tu choisirais si tu savais qu'il est impossible d'échouer ? Le business, c'est la JOIE, il est source de création, il est génératif. Il peut être l'aventure de VIVRE.

Tu trouveras tous les livres d'Access Consciousness Books sur www.accessconsciousnesspublishing.com

Scanne pour plus d'info

www.ingramcontent.com/pod-product-compliance
Lightning Source LLC
Chambersburg PA
CBHW010144270326
41928CB00018B/3242

* 9 781634 931083 *